SIMONA WILES

FKK

FREIZÜGIG & VERDORBEN

EROTISCHE GESCHICHTEN

blue panther books Taschenbuch
Band 2654
1. Auflage: Oktober 2022
2. Auflage: Oktober 2024
3. Auflage: Februar 2025

Vollständige Taschenbuchausgabe
Originalausgabe

Lektorat: Jasmin Ferber

Cover:
© photoagents @ 123RF.com
Umschlaggestaltung: MT Design
Gesetzt in der Trajan Pro und Adobe Garamond Pro

Printed in Poland
ISBN 978-3-7507-1471-7

www.blue-panther-books.de

Hersteller: blue panther books oHG
Osterfeldstrasse 12-14 | 22529 Hamburg | Deutschland
E-Mail: info@blue-panther-books.de

INHALT

1. Lüsterner Dreier 5
2. Kommt doch in meinem Zelt 22
3. Die Nackte Spritztour 39
4. Die Sexbombe 57
5. Die Lust auf Unverdorbenheit 76
6. Meine Freundin ist für alle da 94
7. Der nackte Vorgesetzte 112
8. Viele heisse Hände 129
9. Scharfer Gruppensex 148
10. Im Rausch der nackten Verführung . . 167
11. Erzähl mir was dich geil macht . . 185

12. Das dunkle Sexperiment . . im Internet / 202

Mit dem Gutschein-Code

SW45TBUOMS

erhalten Sie auf **www.blue-panther-books.de** diese exklusive Zusatzgeschichte als E-Book in den Formaten PDF, E-PUB und Kindle. Registrieren Sie sich einfach online oder schicken Sie uns die beiliegende Postkarte ausgefüllt zurück!

Lüsterner Dreier

»Schau dir mal diesen Typen an!«

»Na, der ist ja richtig süß!«

»Heiß, nicht wahr?«

Adele starrte zu dem jungen Mann hinüber, der nicht weit von ihnen entfernt auf seinem Badetuch lag und sich in der Sonne aalte. Sein Körperbau verriet regelmäßiges Training und soweit sie vorhin sein Gesicht hatte erkennen können, als er gekommen war, sah er verdammt gut aus. Schwarzes Haar und blitzende blaue Augen, schmales Gesicht und insgesamt groß gewachsen. Er hatte sein Badetuch auf dem Gras ausgebreitet, sich die Klamotten ausgezogen und sofort hingelegt. Er war nackt, genauso wie Bettina und sie selbst. Die beiden Frauen, die in seiner Nähe lagen, hatte er überhaupt nicht beachtet. Womöglich ahnte er gar nicht, dass sie hier waren, denn sie waren durch ein Gebüsch halb verborgen. So ein Typ wie er konnte vermutlich jedes Mädel aufreißen, sinnierte Adele und wandte sich ihrer Freundin zu, die neben ihr auf der Badematte lag. Sie beide hatten nicht umsonst diesen abgelegenen Platz an dem FKK-Strand gewählt. Bettina und sie waren sowohl beste Freundinnen als auch gelegentliche Sexpartnerinnen, denn ihre erste gemeinsame Erfahrung vor wenigen Jahren fand während einer Übernachtung bei Bettina statt. Sie hatten über Jungs geredet, waren beide geil geworden und hatten es sich letzten Endes gegenseitig gemacht. Erst danach schlief jede von ihnen mit einem Mann, was ihnen ebenfalls gefiel. Sie waren attraktiv, die eine blond, die andere brünett, und sie traten gerne im Doppelpack in der Öffentlichkeit auf, was die jungen Männer in den Bars und Clubs wahnsinnig erotisch fanden. Adele und Bettina genossen deren Aufmerksamkeiten, ließen sich auf kurze Romanzen ein und wenn eine von ihnen gerade solo war, war die andere ihr bezüglich Sex gerne »behilflich«. Seitdem sie sich dazu entschlossen hatten, Anhänger der

Freikörperkultur zu werden, kamen sie häufig an diesen Strand, suchten diese abgelegene Stelle auf, die kaum eingesehen werden konnte, und genossen ihr Liebesspiel in der Sonne.

Der süße Typ, der jetzt in ihrer Nähe aufgetaucht war und sich nackt sonnte, beflügelte Adeles Fantasie. Die Hitze des Tages und ihr eigener nackter Zustand waren schon erregend. Nun auch noch ein attraktives Subjekt vor Augen zu haben, ließ ihre Möse vor freudiger Erwartung prickeln.

Adele grinste ihre Freundin an.

»Der ist so geil, dass ich schon wieder scharf werde!«

Bettina lachte. Sie hatten sich erst vor einer Stunde, bevor der junge Kerl aufgekreuzt war, ausgiebig mit der gegenseitigen Erforschung ihrer Körper befasst. Da bis dahin niemand in ihrer Nähe gewesen war, war ihr Liebesspiel ziemlich hemmungslos ausgefallen und äußerst befriedigend. Adeles Lüsternheit war ansteckend.

»Kannst du haben, Süße!« Bettina beugte sich zu ihrer hübschen blonden Freundin hinüber und küsste sie mitten auf den Mund. Adele schmeckte nach Kaugummi und roch nach Wind und Sonne. Der Sex mit ihr war heiß, sie kannten beide kaum ein Tabu. Bettina glitt mit ihren Lippen hinunter zu den vollen Brüsten von Adele und leckte sanft über den rechten Nippel.

Adele lächelte und drehte sich auf den Rücken. Niemand konnte sie ihrer Meinung nach so gut in Fahrt bringen wie Bettina. Zumindest keine andere Frau.

***

Chris ging fast jede Woche bei schönem Wetter zu dem FKK-Strand, der in der Nähe seiner kleinen Wohnung lag. Es fühlte sich befreiend an, völlig nackt auf dem Gras zu liegen, mal im Schatten eines Baumes, mal in der Sonne, und den Wind zu spüren, der über die Haut strich. Für ihn war FKK ein Lebensgefühl, eine Entspannung vom Alltag, sodass er sogar dazu übergegangen war, häufig nackt in seiner Wohnung umherzuwandern oder sich in diesem Zustand auch mal auf den Balkon zu setzen. Er war froh, dass die Nachbarn ihn kaum beachteten.

Als er zum ersten Mal an den FKK-Strand gegangen war und all das herrlich nackte Fleisch in all den prachtvollen Rundungen gesehen hatte, war ihm etwas passiert, was ihm ziemlich peinlich war: Die nackten Frauen erregten ihn.

Anfangs hatte er noch versucht, seinen erwachenden Schwanz zu verbergen und sich auf den Bauch gedreht, aber die Augen hatte er nicht von den nackten weiblichen Schönheiten in seiner Nähe lassen können. Seine Latte war immer größer geworden, bis er sich leise keuchend an dem Badetuch unter ihm gerieben hatte und gekommen war. Zum Glück hatte das keiner um ihn herum bemerkt. Aber weil er so eine Situation nicht noch einmal riskieren wollte, suchte er sich von da an lieber einen abgelegenen Platz weit hinten auf dem Areal, wo er kaum jemanden um sich hatte und nicht in Versuchung geriet.

Als er an diesem Samstag den Strand aufsuchte, strebte er auf die Ecke zu, in der er meistens völlig ungestört in der Sonne liegen konnte. Natürlich waren an diesem Wochenende viele Menschen hier unterwegs; weiter vorn im öffentlichen Bereich tummelten sich die nackten Leiber. Obwohl es so etwas wie eine FKK-Etikette gab, bei der unter anderem Abstand gewahrt werden musste und aufdringliches Starren ein No-Go war, nutzten einige Männer und sogar Frauen die Gelegenheit, sich sexuellen Appetit zu holen und sich verstohlen gegenseitig zu taxieren.

Würde er nicht mit einem Dauerständer auf das nackte Leben um sich herum reagieren, dann wäre Chris ebenfalls dort vorn.

Er breitete sein großes Badetuch auf einem Flecken Sonne auf dem kurzen Gras aus, entledigte sich in Windeseile seiner Kleidung und legte sich wohlig seufzend hin. Die Sonne wärmte seinen Rücken, der Wind streichelte seine glatte Haut. Chris schloss die Augen und begann zu dösen. Gerade, als er kurz davor war, in einen leichten Schlaf zu gleiten, hörte er ein mädchenhaftes Kichern. Er blinzelte, dann hob er den Kopf und erblickte, halb hinter einem Busch verborgen, zwei junge Frauen. Junge nackte Frauen. Als er hier angekommen war, hatte er sie gar nicht bemerkt. Sie waren hübsch, von der Sonne gebräunt und mit langen Haaren, die eine blond, die andere brünett.

Doch was Chris schlagartig wach machte, war die Tatsache, dass die beiden Schönheiten zu ihm hinüberstarrten und sich gegenseitig zu befummeln schienen. Die eine hatte ihre Hand auf die Brust der anderen gelegt und zupfte an deren Nippeln.

Sofort meldete sich sein Schwanz.

***

Bettina und Adele lagen so, dass sie beide immer wieder zu dem jungen dösenden Mann hinübersehen konnten. Er war sehr attraktiv, sein Anblick zog sie wie magnetisch an. Sie fanden es nur schade, dass er auf dem Bauch lag und sie seine Männlichkeit nicht sehen konnten. Trotzdem war er heiß und beflügelte ihre Fantasie, während sie sich streichelten und küssten.

»Was meinst du, wie groß ist sein Schwanz?«, fragte Adele und kicherte.

»Na ja, es heißt doch, die Nase des Mannes ist sein Johannes«, sagte Bettina und lachte. »Aber ich glaube, der Spruch ist alt und stimmt nicht ganz. Es kommt wohl eher auf die Körpergröße an.«

»Also, wenn wir nach seiner Körpergröße gehen, dann muss seine Latte ja riesig sein!«

Sie lagen nebeneinander, Bettinas Hand lag auf Adeles Brüsten und zupfte selbstvergessen an den erigierten Nippeln, während sie beide hinüberstarrten. Adele spürte, wie ihre Möse verlangend pochte. Sie drehte ihr Gesicht und küsste Bettinas Mund, spielte mit ihrer Zunge und genoss die warmen, weichen Lippen ihrer Freundin. Sie schob eine Hand zwischen deren Schenkel und spürte die Nässe dort.

»Uh, du bist ja schon geil«, raunte sie und kicherte wieder.

»Ja, was glaubst denn du?« Bettina keuchte, weil die Hand an ihrer Möse rieb und zielgenau die anschwellende Klit fand. »Wenn du meine Muschi so bearbeitest – wundert dich das?«, stöhnte sie. Adele wusste genau, wie sie ihre Freundin aufgeilen konnte, und nutzte diese Macht weidlich aus. Sie ließ einen Finger in die saftige Spalte gleiten und stieß sanft zu. Das keuchende Stöhnen, das nun folgte, erregte sie selbst noch mehr. Bettinas Augen funkelten begehrlich.

Als Adele wieder den Kopf wandte und zu dem attraktiven Typen hinübersah, begegnete ihr ein Paar blauer Augen, das sie beide beobachtete. Das Gesicht des jungen Mannes trug einen lüsternen Ausdruck. Er hatte das Kinn auf seine Unterarme gelegt.

»Er hat uns bemerkt«, sagte Adele amüsiert grinsend. Neben ihr starrte Bettina mit erregter Miene zu dem Mann hinüber und antwortete: »Ja, das habe ich auch gerade gesehen.« Sie hatte ihn die ganze Zeit über beobachtet, während ihre Hände auf Adeles kurvigem Körper auf Wanderschaft gegangen waren. Sobald der heiße Kerl dort drüben die Augen geöffnet und den Kopf gehoben hatte, war ein Lustschauder durch ihren Körper gegangen. Und das nicht nur, weil Adele gerade mit ihren langen, geschickten Fingern ihre Muschi bearbeitet hatte.

Bettina richtete sich ein wenig auf und zeigte damit dem attraktiven Kerl, was sie zu bieten hatte. Sie wusste, dass die Männer auf sie abfuhren. Ihre Brüste waren rund und fest, die Taille schlank, die Hüften wiederum sanft gerundet. Die langen Beine betonte sie gerne durch die entsprechende Kleidung, doch auch jetzt, in nacktem Zustand, waren sie eine Augenweide. Bettina und Adele sahen sich bis auf die unterschiedliche Haarfarbe sogar ein bisschen ähnlich, deshalb hielten andere Leute sie oft für Schwestern.

Sex-Schwestern, dachte Bettina amüsiert.

Der Typ dort drüben schien sich mit seinen Blicken an ihnen festsaugen zu wollen, deshalb lächelte sie ihn verführerisch an.

***

Chris konnte kaum fassen, was er da vor sich hatte. Dort drüben lagen zwei gebräunte Schönheiten mit makellosen Körpern, die sich wie er nackt in der Sonne aalten, doch nicht nur das. Wenn er nicht träumte und die Lage richtig beurteilte, dann waren die beiden gerade dabei, sich gegenseitig zu streicheln und zu befummeln.

Geil. Der Anblick war einfach nur geil. Wie ein Porno, der vor ihm ablief, nur dass das hier sehr echt war. Oder war es doch ein Traum? Chris traute sich nicht einmal, sich die Augen zu reiben, aus Sorge, dass die zwei hübschen Frauen dann plötzlich weg wären, wenn er wieder hinguckte.

Die Dunkelhaarige beugte sich jetzt über die festen Brüste ihrer Partnerin – oder waren die beiden etwa Geschwister? – und leckte verführerisch über die hart erigierten Nippel, während die andere unter ihr sich wohlig rekelte und eindeutig geil war. Dabei wandten sie ihm ihre Gesichter zu und lächelten ihn an, als wollten sie ihm sagen: Schau nur zu, wir haben nichts zu verbergen.

Chris ermahnte sich, die Augen zu schließen und die beiden schleunigst aus seinem Gedächtnis zu verbannen, nicht einmal Bilder von ihnen in seinem Gedächtnis zuzulassen, aber es half nichts. Er konnte einfach nicht wegsehen und spürte, wie sein Schwanz sich hart gegen das Badetuch unter ihm drückte, als ob er sich in den Boden bohren wollte.

Wie sollte er das nur aushalten?

Er bewegte ein wenig seine Hüften, um seinem Schwanz etwas Reibung zu geben, weil er sein Verlangen kaum noch unterdrücken konnte. Dabei starrte er wollüstig zu den Frauen hinüber, die sich gerade küssten und sich dann wieder zu ihm drehten, um ihn anzulächeln. Hatten sie ihn schon beobachtet, als er noch gedöst hatte? Von ihrer Position aus mussten sie deutlich sehen, dass er seinen Schwanz gerade an dem Badetuch unter ihm rieb, aber Chris konnte nicht mehr damit aufhören, obwohl er immer noch versuchte, sich zu beherrschen. Seine Latte pulsierte wie wahnsinnig vor Verlangen. Chris hatte seine Hüften ein wenig gehoben, sodass sein harter Schwanz wenigstens zwischen seinem flachen Bauch und der Unterlage lag. Sein eigenes Keuchen klang viel zu laut; er stützte sich auf den Ellenbogen ab und wurde immer härter, während er zu den nackten Frauen stierte und sich mit kleinen Bewegungen mithilfe des Badetuches wichste. Als er genauer zu den Frauen hinsah, bemerkte er, dass sie ihn einladend anlächelten.

Plötzlich hob die Blonde ihre Hand und winkte ihn zu sich.

***

Adele keuchte, als sie sah, wie der attraktive Kerl sich auf seine Ellenbogen aufstützte und zu ihnen rüberstarrte, während seine Hüften sich bewegten.

»Was macht er da, was meinst du?«, fragte sie, weil sie sich vergewissern wollte, dass sie nicht allein diesen köstlichen Verdacht hatte.

»Er reibt seinen Schwanz an der Unterlage!«, sagte Bettina begeistert. Sie leckte über die Brüste ihrer Freundin und legte eine Hand zwischen deren Schenkel, die sich bereitwillig öffneten. Wenn Adele schon die Finger an ihrer Spalte rieb, dann würde sie ihr die gleiche Behandlung angedeihen lassen. Und wie sie es sich gedacht hatte, keuchte Adele sofort auf, als Bettinas Fingerspitzen die geschwollene Kirsche streiften.

»Oh verdammt, ist das geil!«, stöhnte sie.

»Meinst du den Typen oder das hier?« Bettina presste ihre Hand gegen die nassen Schamlippen und schlüpfte mit einer Fingerkuppe hinein. Adeles Klit war hart und riesig, und Bettina begann, sie ausgiebig zu rubbeln.

»Beides!« Adele keuchte. »Guck doch mal, wie der guckt! Er kann gar nicht mehr aufhören, sich an dem Badetuch zu reiben!

Und das bloß wegen uns!«, sagte sie abgehackt stöhnend. Ihr Körper vibrierte geradezu vor Lust. Sie bewegte die Hüften im Takt des Fingers, der sanft in sie hineinstieß. Allmählich fiel es ihr schwer, Bettina die gleiche Behandlung angedeihen zu lassen, weil die Geilheit sie wie ein Rausch erfasste. Trotzdem hörte sie nicht auf, ihre Freundin ebenfalls zu wichsen, und grinste, als Bettina laut stöhnte. Auch deren Hüften bewegten sich, ein Bein hatte sie aufgestellt, damit ihre Schenkel weit gespreizt und offen zugänglich für Adeles Finger waren.

Bettina war so erregt, dass das Denken zunehmend schwieriger wurde. Trotzdem fand sie, dass die Idee, die ihr jetzt durch den Kopf ging, ziemlich genial war.

»Wir könnten ihn einladen, sich zu uns zu gesellen, was meinst du?« Sie war genauso wie Adele scharf auf den Hottie dort drüben, denn ihrer beider Geilheit wuchs mit jeder Minute, in der dieser Typ sich wichste. Sein Anblick machte sie heißer als »nur« das gegenseitige Streicheln. Warum ihn also nicht mitspielen lassen? Jeder von ihnen konnte dadurch nur gewinnen.

»Das ist eine gute Idee!« Adele lächelte den jungen Mann mit lustverzerrtem Gesicht an und winkte ihn zu ihnen beiden rüber. Sie hoffte sehr, dass er ihrer Einladung folgte, denn anderenfalls würden Bettina und sie genötigt sein, von hier zu verschwinden, um zu Hause das zu vollenden, was sie hier begonnen hatten. Andererseits – warum weglaufen, überlegte sie verschwommen. Sie könnten sich direkt vor seinen Augen lecken und wichsen, was machte das schon aus? Allerdings würde der Sex zu dritt vielleicht noch viel mehr Spaß machen …

Adele und Bettina beobachteten gespannt, wie der attraktive Typ, der in ihrem Alter sein musste, auf ihre Einladung reagieren würde. Zunächst sah er etwas verdutzt drein, doch dann stemmte er sich von seinem Badetuch hoch und ging auf die Knie. Die beiden Freundinnen stöhnten kollektiv lüstern auf, als sie sahen, was für eine herrliche Stange er vor sich hertrug. Sein Schwanz stand gerade und hart von ihm ab und zeigte wie eine Wünschelrute genau in ihre Richtung. Es wäre eine Verschwendung, diesen geilen Hottie nicht miteinzubeziehen, dachte Adele.

»Himmel, was für ein geiles Gerät«, flüsterte Bettina und vergaß völlig, ihre Freundin weiter zu streicheln. Ihr lief geradezu das Wasser im Mund zusammen, als sie den heißen Kerl auf sie beide zukommen sah. Sein geschmeidiger Gang und das lüsterne Glänzen in seinen Augen trugen dazu bei, dass die Frauen atemlos in ihrem Tun innehielten und ihm entgegenstarrten. Adele erging es nicht anders als Bettina, die angesichts des unglaublichen Schwanzes schier zu sabbern schien. Zwischen Adeles Schenkeln pochte es sowieso verlangend, der Anblick des attraktiven nackten Mannes mit der Latte verstärkte das Ziehen und die Hitze in ihrem Unterleib. Ihre Brüste waren geschwollen vor Lust, und unwillkürlich wölbte sie ihren Rücken, um dem Mann ihre Brüste zu präsentieren, sobald er neben ihnen stand.

Sein Lächeln war einfach umwerfend.

***

Chris bekam große Augen angesichts der eindeutigen Einladung, die die Blonde ihm gegenüber mit ihrer Geste ausdrückte. Meinte sie tatsächlich ihn? Aber außer ihm war hier niemand in der Nähe, also musste es so sein, dachte er. Es wäre sehr unhöflich, diese überaus freundliche Einladung auszuschlagen, also richtete Chris sich auf und präsentierte den Frauen dadurch stolz das, was er ihnen zu bieten hatte. Ihr geiles Stöhnen drang sogar bis zu ihm hinüber. Mittlerweile pochte seine Latte unerträglich wegen der Reibung, die er sich an dem großen Badetuch gegönnt hatte. Der Anblick der zwei Schönen hatte ihm die Sinne vernebelt; ringsum hatte er nichts mehr mitbekommen, weil seine Aufmerksamkeit konzentriert auf die Nackten gerichtet gewesen war, die sich gegenseitig streichelten und küssten.

Er musste im Paradies gelandet sein, denn wo sonst würde eine hübsche nackte Frau sich ihm so großzügig anbieten, geschweige denn gleich zwei?

Sein Schwanz schien ihnen sehr zu gefallen, denn sie starrten so gierig darauf, als wollten sie sich am liebsten auf ihn stürzen. Nun, das konnte ihm nur recht sein, dachte er bei sich und lief auf die zwei Frauen zu, die aufgehört hatten, sich gegenseitig zu wichsen.

Die Blonde gefiel ihm sehr. Sie lag auf dem Rücken, ihre prallen Brüste mit den entzückenden rosa Nippeln reckten sich ihm entgegen. Ihr blondes Haar lag fächerartig um ihren Kopf. Ihr Körper war nahtlos gebräunt, die Hüften schlank, der Bauch flach und die unendlich langen Beine ein wenig gespreizt. Es war ein Anblick, der Chris' Latte sehnsüchtig zittern ließ.

Aber auch die Brünette hatte ihre Vorzüge. Ihr Busen war zwar ein wenig kleiner, aber wunderbar fest, mit süßen kleinen Knospen wie Perlen darauf. Ansonsten schien ihr Körperbau dem der Blonden sehr ähnlich zu sein, doch am anziehendsten fand Chris das herzförmige Gesicht der Brünetten mit den vollen rosa Lippen und den großen braunen Augen, die sich soeben auf seinen Schwanz hefteten. Er konnte genau sehen, wie sie sich langsam über die Lippen leckte. Der Wahnsinn!

Chris hatte sich in Bezug auf Frauen bisher nie als besonders draufgängerisch gezeigt, aber schüchtern war er auch nicht. Wenn ihm ein Mädel gefiel, dann sprach er es an. Punkt. Er hatte meistens Erfolg mit seiner direkten Art und erntete nur selten einen Korb. Wenn er mit seinen Kumpels unterwegs war, dann fand Chris es noch einfacher, eine Frau kennenzulernen. Seine »Masche« bestand darin, zum Beispiel im Club eine Frau unter all den Schönheiten rauszupicken und sich im Laufe des Abends von seiner Truppe abzuseilen, um die Auserwählte anzusprechen. Er spielte mit Vorliebe den einsamen Wolf, der humorvoll und sympathisch die Eine suchte, die die Richtige war. Für Chris war das die coolste Art, um zu einem One-Night-Stand zu kommen, vielleicht traf er sich danach sogar öfter mit der gleichen Frau.

Hier am FKK-Strand war dieser Aufwand nicht notwendig. Ein Balztanz erübrigte sich, schließlich waren bereits alle Anwesenden nackt. Die Lage war außerdem klar: Diese Frauen waren eindeutig geil und willig, und er selbst sehr geneigt, ihren Verlockungen beziehungsweise ihrer Einladung nachzugeben. Ein Vorspiel in Form eines Small Talks war ebenfalls unnötig. Dennoch fragte er mit schelmischem Lächeln und höflich wie ein kleiner Junge: »Darf ich mitspielen?«, als er direkt vor ihnen stand.

***

Bettina und Adele antworteten wie aus der Pistole geschossen unisono: »Unbedingt!« Chris lachte auf. »Ich heiße übrigens Chris«, stellte er sich vor, als er sich bei ihnen niederließ.

»Ich bin Adele und das hier ist meine Freundin Bettina«, antwortete Adele lächelnd.

»Wunderschöne Namen«, sagte Chris, »genauso schön wie ihre Besitzerinnen.« Seine lüsternen Augen glitten über die nackten weiblichen Körper, die vor ihm ausgebreitet dalagen, und blieben wie zuvor auch an den herausragendsten Attributen hängen: den geschwollenen Brüsten. Chris hob eine Hand und legte sie sanft auf Adeles Busen. Dabei strich sein Daumen neckend über die aufgerichtete Brustwarze.

Adele hob ihren Arm und umfasste seinen zitternden Stab, der sich ihr entgegenreckte. Er war hart und heiß, exakt so, wie er ihrer Meinung nach sein sollte. Zärtlich streichelte sie über den Schaft, und als Chris sich über sie beugte, um ihre Nippel abwechselnd zwischen seine Lippen zu saugen, lag seine Eichel genau vor ihrem Mund. Sie schnappte gierig danach, streckte ihre Zunge raus und leckte darüber. Er schmeckte so wunderbar, wie sie es sich vorgestellt hatte.

Bettina streichelte sanft über die männlichen starken Oberschenkel, dann griff sie vorsichtig nach den Hoden, die prall unter dem Ständer baumelten. Chris schnappte nach Luft, als sie das tat, dann wandte er ihr das Gesicht zu und lächelte. Sie beugte sich zu ihm, um seinen Mund zu küssen. Er spielte mit ihrer Zunge; sie spürte seinen heißen, keuchenden Atem in ihrem Mund, weil Adele sich so hingebungsvoll um seinen pochenden Schwanz kümmerte. Als Bettina nach unten sah, verschwand der halbe Schaft zwischen den Lippen ihrer Freundin. Und das geile Stöhnen, das Chris von sich gab, bestätigte ihr, dass der Bursche genau der Richtige für sie beide war. Er war ebenso scharf, ebenso gierig nach Sex wie sie.

***

Chris kniete beidseits von Adeles Kopf und schob seine Latte immer wieder in ihren feuchten, heißen Mund hinein. Er nass und heiß, die Zunge leckte verlangend an seiner Eichel. Adele saugte sogar an ihm, was ein unglaublich geiles Gefühl war. Wenn es nach Chris gegangen wäre, dann würde er liebend gerne auf diese Art in ihrem Mund abspritzen, aber die beiden Frauen wollten mit Sicherheit ebenfalls auf ihre Kosten kommen. Also musste er sich noch ein wenig beherrschen, ermahnte er sich selbst. Und um nicht vorzeitig zu kommen, entzog er sich dem gierigen Mund unter ihm und wechselte die Stellung. Er kroch geschickt über die Frau auf dem Boden hinweg und befand sich jetzt zwischen ihren geöffneten Schenkeln.

Bettina schien zu ahnen, worauf er hinauswollte. Sie legte sich neben ihrer Freundin auf den Rücken, spreizte ihre schlanken Beine und sah ihn auffordernd an. Chris fragte sich einen Moment lang, mit welcher der hübschen Frauen er zuerst anfangen sollte. Am liebsten hätte er beide gleichzeitig geleckt, doch das war ja technisch nicht möglich. Die zwei Schönheiten lagen erwartungsvoll nebeneinander und präsentierten ihm ihre Muschis, eine hübscher als die andere. Wäre eine von ihnen eifersüchtig auf die andere, wenn er sich – notgedrungen – nacheinander um sie kümmerte?

Er hatte plötzlich eine Idee, wie er die zwei Frauen gleichzeitig zufriedenstellen konnte.

Chris wechselte zu Bettina hinüber, legte sich zwischen ihre Schenkel und senkte den Kopf zu ihrer duftenden Spalte hinunter. Als er seine Zunge rausstreckte und über die feuchten, geschwollenen Schamlippen leckte, stöhnte sie begierig auf und hob ihr Becken. Chris griff unter ihrem linken Bein hindurch zu Adele hinüber, tastete nach deren Möse und fand sie auf Anhieb, weil Adele ihm entgegenkam und seine Hand nahm. Sie führte die Hand zwischen ihre Beine und keuchte, als Chris sie zu streicheln begann.

So lag er auf den Knien zwischen Bettinas Schenkeln und leckte deren Möse; seine rechte Hand bewegte sich auf Adeles Spalte und verteilte die Nässe, die er mit seinem gezielten Streicheln hervorlockte. Das gemeinschaftliche Stöhnen der Frauen machte ihn noch härter, als er es ohnehin bereits war.

***

Bettina hob ihm gierig keuchend ihr Becken entgegen. Der Kerl war noch heißer, als sie vermutet hatte, denn er schien genau zu wissen, wie er eine – beziehungsweise in ihrem Fall gleich zwei Frauen glücklich machen konnte. Sie bewegte ihre Hüften im Takt seiner Zunge, die zunächst breit über ihre Spalte leckte, dann über die hervortretende Klit flatterte, bevor sie sich zwischen ihre Schamlippen schlängelte und immer wieder in ihre Nässe stieß. Bettina jauchzte mit zunehmender Geilheit und schloss genießerisch die Augen. Sie stemmte sich mit den Unterarmen von der Badematte ab, um ihr Becken kreisen lassen zu können. Ihr Keuchen wurde lauter.

Adele war ebenso begeistert. Die langen Finger des jungen Mannes strichen gezielt durch ihre Spalte und kreisten intensiv auf der geschwollenen Kirsche. Die Lust rauschte durch Adeles Körper, sie ächzte und wimmerte vor Geilheit, während sie ekstatisch zuckte. Sie konnte nur noch reagieren, denn sie war diesen geschickten Fingern völlig ausgeliefert. Sie spürte regelrecht, wie ihre Möse auslief, wie Chris ihre Nässe verteilte und mit den Fingerspitzen in die sabbernde Muschi schlüpfte, um noch mehr von der Feuchtigkeit zutage zu fördern. Dieser Typ war unglaublich und alles, was er tat, brachte sie ihrem Orgasmus näher, dachte Adele verschwommen. Allein dafür hatte er sich eine Extra-Belohnung verdient.

Bettina stöhnte erregt, weil die Zunge mittlerweile hektisch in ihre Spalte stieß. Dabei streifte sie mit jeder Bewegung ihre geschwollene Klit und gab ihr das Gefühl, im nächsten Moment zu explodieren. Doch das geschah nicht. Stattdessen wuchs ihre Geilheit nur noch mehr an. Bettina bewegte ihre Hüften und krallte die Hände in die Matte unter ihr.

»Ja! Ja! Jetzt! Ja!«, schrie sie plötzlich. Der Höhepunkt überrollte sie so überraschend wie ein Tsunami; sie stieß einen jauchzenden Schrei aus und warf sich Chris lustvoll entgegen.

Er steckte seine Zunge so tief wie möglich in die zuckende Spalte, weil er ihren Orgasmus schmecken wollte. Ihre Möse krampfte sich um seine Zunge zusammen, sie schien heftig zu flattern, während Chris sich an den nassen Schamlippen festsaugte und dadurch Bettinas Orgasmus noch verstärkte. In diesem langen Moment konzentrierte er sich so sehr auf die hübsche Frau, die so hemmungslos kam, dass er glatt vergaß, Adele weiter zu streicheln. Seine Lippen schmatzten, als er den geilen Saft aus der Möse trank, und zum Schluss, als Bettina atemlos keuchend nach Luft rang, leckte er sich diesen Saft genüsslich von den Lippen.

Dann wandte er sich Adele zu. Seine Augen waren dunkel vor Erregung, wie sie erkannte, und ein lüsternes Grinsen umspielte seine Lippen. Sie sah seinen vor Verlangen zitternden Schwanz und bewunderte ihn allein dafür, dass er sich zurückhielt und sich nicht wild auf sie stürzte.

»Nun zu dir, meine Schöne«, knurrte er. Er nahm seine Hand von ihrer Spalte und krabbelte flink zwischen ihre Schenkel. Adeles Gesicht war vor Lust verzerrt, die Wangen gerötet. Bettinas Explosion schien so gewaltig gewesen zu sein, dass sie selbst sich genau das ebenfalls wünschte. Weit genug war sie bereits, sie brauchte eigentlich nur noch den letzten Kick, dachte sie. Chris kniete sich zwischen ihre Beine, senkte seinen Kopf und leckte probeweise an ihr.

Adele schnappte nach Luft. Seine Zunge fühlte sich noch besser an als seine Hand, wobei seine Art, sie zu streicheln, absolut nicht zu verachten war. Chris hatte sie, während er Bettina geleckt hatte, sehr geschickt in Fahrt gebracht, aber diese gezielt leckende Zunge war der Hammer!

Sie rutschte ihm ein wenig entgegen, weil sie keine einzige Bewegung verpassen wollte. Sie hielt ihm ihre Möse geradezu ins Gesicht, und er legte seinen Mund darauf und trank von ihr. Als er lächelnd den Kopf hob, leckte er sich über die Lippen.

»Du schmeckst genauso lecker wie deine Freundin«, stellte er lüstern fest.

Allein für diese Aussage hätte sie ihn heftig vögeln mögen.

Wieder schob er sein Gesicht zwischen ihre Schenkel, sie spürte seinen heißen Atem auf ihren nassen Schamlippen, dann war die Zunge da. Sie leckte breit über ihr Geschlecht, bohrte sich tief in sie hinein und strich beim Rausziehen über die gierige Kirsche. Adele jubelte geradezu. Sie bewegte ihre Hüften, Chris nahm ihren Rhythmus und ihr Verlangen auf und stieß mit seiner Zunge in dem immer schneller werdenden Tempo in sie. Es war so geil, dass es nur wenige Minuten dauerte, bis Adele mit einem wilden, animalischen Stöhnen explodierte. Ihr ganzer Körper zuckte, sie keuchte und rang nach Atem, während Chris mit seinen Händen von unten ihre festen Pobacken hielt und ihren Höhepunkt mit seiner leckenden Zunge versüßte.

***

Die Blonde lag halb erschöpft vor ihm und Chris war zufrieden. Er hatte es geschafft, die beiden Schönheiten zu befriedigen, ohne selbst vor Geilheit vorzeitig abzuspritzen, was ihn einiges an Beherrschung gekostet hatte. Dafür schmerzte sein Schwanz inzwischen gewaltig, weil er wahnsinnig erregt war und hart wie ein Eisenrohr. Seine Latte pochte und zitterte vor Lust, sie verlangte nach der Reibung einer Möse oder eines Mundes, egal was. Es wurde Zeit, die beiden Damen zur Kasse zu bitten, dachte Chris, während er vor den Frauen kniete und beobachtete, wie ihr Atem sich nur langsam beruhigte. Bettina lächelte ihn an und setzte sich auf.

»Süßer, du bist richtig klasse!«, sagte sie und starrte seinen pulsierenden Schwanz an. »Wie hättest du es denn gerne? Du darfst es dir aussuchen.« Sie leckte sich mit der Zunge über die Lippen, als hoffte sie, es ihm mit einem Blowjob besorgen zu können. Adele richtete sich ebenfalls auf und stimmte ihrer Freundin zu.

»Ja, wir sind für alles offen! Sag uns einfach, was du magst!«

»Am liebsten hätte ich jetzt zwei Schwänze und würde euch gleichzeitig ficken«, meinte Chris, »Schade, dass das nicht geht ...«

»Das stimmt, aber wie wäre es mit abwechselnd?«, schlug Bettina vor. Wieder hefteten ihre Augen sich auf seinen Stab.

»Erst die eine, dann die andere?«, fragte Chris zweifelnd. »Tut mir leid, ich bin schon verdammt weit!« Er blickte bedauernd an sich herab.

»Na ja, fast. Ich meine, dass du zum Beispiel fünfmal mich, dann fünfmal Adele, dann wieder fünfmal mich ... – verstehst du?«

»Au ja, das ist geil!«, fiel Adele begeistert ein. »Ein Wettlauf gegen dich selbst! Jeder von uns musst du zwei Durchgänge schenken, und je länger du durchhältst, desto geiler!«

Chris musste grinsen. Letzten Endes war es egal, wie lange er durchhielte. Selbst wenn er gleich nach dem ersten Stoß käme, es würde richtig geil sein, weil er so erregt war.

»Einverstanden!«

Dieses Mal würde er mit Adele beginnen, um der Gerechtigkeit willen. Sie drehte sich auf den Bauch, ging auf alle viere und präsentierte ihm ihre hübsche Muschi. Chris packte ihre Hüften, setzte seine Spitze an und glitt in die enge Spalte. Adele keuchte begeistert.

Chris tauchte tief in sie ein, hielt kurz inne und zog sich zurück. Dann wiederholte er den Stoß, langsam und vorsichtig, weil sein Ehrgeiz erwacht war und er so lange wie möglich durchhalten wollte. Noch drei Stöße, dachte er innerlich vibrierend. Noch zwei. Den letzten überstand er mit zusammengebissenen Zähnen, dann glitt er aus Adele raus, die sich aus Rücksicht auf ihn kaum bewegt hatte, und holte tief Luft.

Bettina hatte sich inzwischen in Stellung gebracht und wartete in der gleichen Position wie Adele auf ihn. Die beiden Frauen grinsten sich an, während Chris zu ihr hinüberwechselte. Er streichelte die knackigen Pobacken, dann brachte er seine Eichel in Position und drang langsam in die feuchte Spalte. Tief in ihr zog er sich kurz zurück und schnappte nach Luft, weil er spürte, wie sein Höhepunkt ihn in den nächsten Sekunden überwältigen würde. Deshalb fickte er blitzschnell zwei, drei Stöße in Bettina, bevor er knurrend seine Finger in ihre Hüften krallte und sein Schwanz zuckend in ihr kam.

***

»Er war tatsächlich schon kurz vor Schluss«, stellte Adele amüsiert fest. Sie waren auf dem Weg in eine Bar, nachdem sie Chris' Schwanz saubergeleckt und sich danach von ihm verabschiedet hatten.

»Ja. Meinst du, er kommt morgen wieder?«

»Da bin ich mir sicher. In jeder Hinsicht!«

Kommt doch in meinem Zelt

Clara brauchte so dringend diesen Urlaub. Seit Wochen hatte sie sich nach dieser Auszeit gesehnt, in der sie weg von all dem Trubel und Lärm sein konnte. Ihre Arbeit als Grundschullehrerin forderte von ihr alles an Energie, die sie zur Verfügung hatte. Die Kleinen waren anstrengend, teilweise schlecht erzogen – weil die Eltern ihren Erziehungsauftrag nicht wahrnahmen und auf die Lehrer schoben – und quirlig wie ein Sack Flöhe. Aus manchen Unterrichtsstunden war Clara völlig gerädert rausgegangen und hatte sich gefühlt, als hätte ein Panzer sie überrollt. Okay, sie war fähig, den angehenden Stützen der Gesellschaft etwas beizubringen und einigermaßen Ruhe und Ordnung zu halten, nicht zuletzt deshalb, weil sie mit Belohnungstaktiken und Strafen arbeitete, die sich wohldosiert die Waage hielten. Aber die Kraft, die sie dafür aufbringen musste, pädagogisch angemessen zu handeln, war immens.

Wie sehr freute sie sich dann auf die wohlverdienten Ferien! Wie gerne sah sie dem letzten kleinen Jungen oder dem hinaushüpfenden kleinen Mädchen hinterher in dem Wissen, dass sie am nächsten Tag einfach Ruhe haben würde. Manchmal fragte Clara sich, weshalb sie eigentlich diesen Beruf ergriffen hatte. Weil sie Kinder mochte? Sicherlich. Es machte Spaß, zu sehen, wie die Schülerinnen und Schüler lesen und schreiben lernten, wie sie begannen zu rechnen und begeistert über den Naturkundeunterricht waren.

Aber so anstrengend hatte Clara sich die Sache nicht vorgestellt.

Egal, dachte sie. In ein paar Wochen habe ich mich erholt und stürze mich mit neuer Kraft auf die Aufgabe, meiner Klasse ein paar Dinge beizubringen, die sie zum Staunen bringt. Denn auch das gefiel ihr: Das Begreifen und die Überraschung auf den kleinen Gesichtern zu sehen, wenn sie etwas verstanden hatten.

***

Den diesjährigen Sommerurlaub wollte Clara an der Nordsee verbringen. Sie wollte lange Spaziergänge am Strand machen, die

Füße in das Salzwasser halten, Muscheln sammeln, die glitzernden Wellen beobachten, im Meer baden gehen, hin und wieder das Nötigste einkaufen, vielleicht ein paar Führungen mitmachen und eventuell andere Urlauber kennenlernen, damit sie nicht völlig vereinsamte. Als Single genoss sie sämtliche Vorteile, die dieses Leben mit sich brachte. Sie musste niemandem Rechenschaft gegenüber ablegen und konnte tun und lassen, was sie wollte.

Der einzige Nachteil, den sie als solchen empfand, war der hin und wieder fehlende Sex.

Der neue Lehrer, der seit einem halben Jahr an ihrer Schule unterrichtete, gefiel ihr sehr und wirkte auf Clara, als ob er auch körperlich, sprich beim Sex, so einiges zu bieten hätte. Er war attraktiv, ungebunden – zumindest trug er keinen Ring und hatte auch nie etwas von einer Freundin erzählt – und charmant. Wenn Clara ihm begegnete, lächelte er sie freundlich an und wechselte ein paar Worte mit ihr. Auf dem Sommerfest hatten sie nebeneinandergesessen, sie hatte die Hitze seines Körpers neben sich gespürt, ohne ihn zu berühren, was ihr Innerstes zum Vibrieren gebracht hatte. Aber ein richtiges Gespräch war nicht in Gang gekommen. Dabei musste er doch merken, wie gut er ihr gefiel.

Inzwischen hatte Clara bereits von ihm geträumt. Es waren erotische, sinnliche und wilde Träume, in denen er ihr langsam die Kleidung auszog und jeden Zentimeter ihrer Haut mit Küssen bedeckte. Sie hatte innerlich vibriert, in diesen Träumen, und geglaubt zu spüren, wie er in sie eindrang, aber eigentlich war es in ihren Augen schon viel zu lange her, dass sie Sex gehabt hatte. Deshalb bezweifelte sie, dass sie sich an dieses Gefühl richtig erinnerte, wenn sie ehrlich zu sich selbst war.

Clara seufzte. Jedes Mal, wenn sie so einen Traum gehabt hatte, konnte sie Matthias Holl am nächsten Tag kaum in die Augen sehen, aus Sorge, er könnte ihre Gedanken lesen. Sogar in der Nacht zum letzten Tag des Schuljahres war er in ihrem Traum erschienen. Am Morgen konnte sie sich gut an die Szene erinnern: Matthias Holl hatte sie in den Arm genommen und geküsst, seine Lippen waren heiß und streiften über ihren Hals und die Schulter. Seltsamerweise war sie im nächsten Moment nackt, nur er hatte noch seine lässige Kleidung an, die aus T-Shirt und Jeans bestand. Seine Hände glitten über ihren Körper, berührten und streichelten ihre Brüste, die sofort anschwollen vor Lust, und zwischen ihren Schenkeln prickelte es verlangend. Dann fasste er sie auch dort an. Er legte eine Hand an ihre Möse, Clara begann, ihr Becken zu bewegen und sich an seinen Fingern zu reiben, die augenblicklich nass wurden. Ihre Kirsche wurde heiß und dick, sie trat hervor und wurde von Matthias' Fingern gerubbelt, bis Clara es kaum noch aushielt. Ihr ganzer Körper bebte, als ihr Kollege sie auf den Rücken legte, seine Hose öffnete und ein überdimensionaler Schwanz zum Vorschein kam. Er drang in sie ein, vorsichtig zunächst, dann ungeduldig und hart. Clara wölbte sich ihm entgegen, sie hörte ihr eigenes Keuchen und Stöhnen lauter, als sie es von sich selbst bisher kannte. Dieser harte Riemen vögelte sie, brachte sie dem Gipfel mit jedem Stoß näher, bis sie sich aufzulösen schien.

Dann war sie wach geworden. Bei einem Mann wäre das ein »feuchter Traum« gewesen, dachte sie, und spürte noch immer die Erregung. Und als sie an diesem letzten Schultag im Lehrerzimmer erschien, wich sie Matthias Holl verlegen und mit geröteten Wangen aus, wünschte ihm mittags im Vorbeigehen einen schönen Urlaub und machte, dass sie fortkam.

***

An diesem schönen Sommerabend schob sie die Gedanken an den attraktiven Kollegen lieber beiseite und genoss die warmen Sonnenstrahlen auf ihrem Gesicht. Vom Meer wehte eine angenehm kühlende Brise landeinwärts, die glitzernden Wellen leckten an dem Sandstrand und Clara war einfach zufrieden, im Hier und Jetzt zu sein. Sie saß vor ihrem Zelt im Sand, die Arme um die

Knie geschlungen und schloss die Augen.

Etwas weiter von ihr entfernt hockten ein paar junge Männer um ein Lagerfeuer herum, stießen klirrend mit Bierflaschen an und sangen zu irgendwelchen Liedern, die aus einem tragbaren Lautsprecher drangen. Dazu brutzelten sie Fleisch auf einem mitgebrachten Kohlegrill und lachten laut. Clara grinste. Die Männer mochten nur wenige Jahre jünger als sie selbst sein, sie verhielten sich aber wie die kleinen Jungen aus ihrer Grundschulklasse, die alles und jeden miteinander verglichen und damit prahlten, dass irgendetwas bei ihnen besser sei als bei anderen.

Sie stand anmutig auf und klopfte sich den Sand von der leichten Hose. Sie wollte noch ein wenig am Strand spazieren gehen, sich dann etwas zu Essen besorgen und sich in ihr Zelt verkriechen. Die ungewohnte Luft und die Sonne machten sie angenehm schläfrig.

Clara warf noch einen letzten Blick auf ihr Zwei-Mann-Zelt, in dem sie allein schlief, dann machte sie sich auf den Weg. Das Zelt war gut gesichert und verschlossen. Ihre Wertsachen trug sie immer bei sich. Es konnte nichts passieren.

***

»Hey, gib mir noch ein Steak rüber!«

»Mann, das ist schon dein drittes!«

»Ja und? Wir haben doch genügend!«

»Schon, aber ich habe keinen Bock mehr, auf das Fleisch aufzupassen, kapierst du? Einer von euch muss übernehmen!«

Die fünf Männer zogen sich gegenseitig auf, lachten und flachsten, während Matti die Steaks auf dem Grill mit Bier übergoss und den Rest dann aus der Flasche trank. Ben feierte heute seinen Geburtstag und gleichzeitig seinen Abschied, weil er zum Studieren in eine andere Stadt zog. Davor hatte er ein Freiwilliges Soziales Jahr absolviert, weil er sich nicht im Klaren gewesen war, was er überhaupt machen wollte. So wie sie alle.

Die Freunde kannten sich seit der Schule, hatten sämtliche Leistungskurse und Grundkurse hindurch auf das Abitur gelernt – mehr oder weniger – und so ziemlich jede Gelegenheit genutzt, um eine Fete steigen zu lassen. Vorzugsweise am Strand. Denn etwas weiter hinten befand sich der FKK-Bereich, in dem unglaublich heiße Frauen am Wasser entlang spazierten, und das völlig nackt. Das Areal für die Nackten war lediglich durch eine Markierung kenntlich gemacht worden. Wie oft waren sie zu fünft in der Nähe dieser Markierung in Badehosen herumgelungert, vorzugsweise auf dem Bauch liegend, um ihre wachsenden Ständer zu verbergen, und hatten dort hinübergelugt? Klar lagen dort auch ältere Frauen mit faltiger Haut und Männer, deren Körper keinen Wettbewerb mehr gewinnen konnten. Trotzdem lohnte es sich, dort auf der Lauer zu liegen, die süßen jungen Frauen mit ihren straffen Brüsten und den keck nach oben gerichteten Nippeln sowie den langen Beinen und verheißungsvollen Hüften und Hintern zu beobachten – und sich zu Hause einen runterzuholen bei der Vorstellung, eine oder mehrere dieser Frauen zu vögeln.

Aber keiner von ihnen hatte sich je getraut, sich selbst nackt dort drüben aufzuhalten. Das fanden sie uncool.

***

Ihre Zelte hatten die jungen Männer an diesem Tag vorsorglich bereits aufgebaut. Ein Zelt für zwei Personen stand in der Nähe der Feuerstelle, um die sie sich versammelten. Hier würden Enzo und Sebastian schlafen und mit einem Ohr darauf achten, dass keiner ihre Sachen wegnahm. Ein zweites Zelt für Matti und Lorenz stand ein Stück weiter weg im Schatten der Bäume, weil Lorenz nicht eingesehen hatte, es in der prallen Sonne aufzubauen. Das dritte und letzte Zelt stand noch weiter weg und gehörte Ben. Es war zwar ein Zwei-Mann-Zelt, aber Ben behauptete, er brauche viel Platz beim Schlafen, deshalb müsse er allein dort rein.

Obwohl alle in der Nähe des Strandes wohnten und locker

hätten nach Hause gehen können, wollten sie lieber am Wasser übernachten, denn sie hatten in den letzten Jahren genügend Erfahrungen gesammelt und diverse Szenarien bereits erlebt.

Keiner von ihnen wollte weder in angetrunkenem Zustand oder völlig besoffen noch Auto fahren oder – in Bens Fall, der ziemlich nahe am Strand wohnte – nach Hause wanken, um dort von erbosten Eltern in Empfang genommen zu werden, die von dem Lärm der Heimkehrer womöglich wach wurden. Einmal hatte Ben die ganze Clique mitten in der Nacht zu sich nach Hause geführt, damit sie bei ihm pennen konnten. Leider waren sie so laut gewesen, dass seine Eltern innerhalb kurzer Zeit auf der Matte gestanden waren.

Deshalb hatten die Freunde sich nach solchen und anderen Erfahrungen darauf verlegt, lieber gleich am Strand zu pennen. Dort konnten sie so lange feiern, wie sie wollten, konnten so laut sein, wie es nur an einem ansonsten menschenleeren Strand möglich war und niemand außer ihnen würde mitbekommen, wenn Sebastian ins nächste Gebüsch kotzte oder Matti vor Trunkenheit nicht mehr laufen konnte. Das Wichtigste bei ihren Sessions waren ein ordentlicher Biervorrat oder anderen alkoholischen Getränken und etwas zu futtern. Dann war alles gut.

***

»He, Ben, hast du eigentlich schon eine Bude in Kassel?«

»Klar. Im Wohnheim.«

»Echt? Da sollen megageile Feten ablaufen, habe ich gehört!«

»Au ja, und die Weiber alle süß und knackig«, fiel Sebastian begeistert ein.

»Ey, wir können Ben ja besuchen, wenn so eine Fete mit den hübschen Studentinnen läuft!«

Ben grinste.

»Das will ich doch hoffen! Sind die Steaks endlich durch? Gib mal eins rüber!«

Lorenz stach mit einer Gabel in das Fleisch und ließ es auf einen Pappteller klatschen, den er seinem Kumpel reichte.

Als es dämmerte und die Sonne mit einem prächtigen Farbenspiel hinter dem Meer unterging, zündeten Ben, Matti und Lorenz Fackeln an, die sie rund um die Feuerstelle in den Sand steckten. Das Feuer in der Mitte der Runde schürten sie mit ein paar mitgebrachten Holzstücken an, dann drehten sie die Musik lauter und grölten mit.

Sebastian und Enzo schlugen in ihrem besoffenen Zustand irgendwann ein Ratespiel vor, bei dem man entweder saufen oder sich ein Kleidungsstück ausziehen musste, wenn man falsch geraten hatte. Alle machten begeistert mit, einigten sich jedoch darauf, sich zuerst auszuziehen und danach zu den Shots überzugehen. Da ein Mensch vor allem im Sommer nur eine begrenzte Anzahl an Kleidungsstücken trug, waren sie bald alle nackt.

Aber das machte nichts und erhöhte bloß die Spannung und die Stimmung.

Danach spielten sie Wettpinkeln – wer konnte am längsten pullern –, Zielpinkeln und Wer-hat-den-Längsten.

»Na hört mal, wenn der voll ausgefahren ist, dann kommt von euch keiner mehr hinterher!«, protestierte Matti empört, weil sein Schwanz als der Kleinste auserkoren wurde. Die anderen lachten ihn aus.

»Darum geht's ja nicht, Alter«, versuchte Sebastian ihm umständlich zu erklären, aber Matti hörte schon nicht mehr hin.

»Ey, lasst uns Fußball spielen, das wollte ich schon immer mal nackig machen!«, schrie er und kickte den Ball, den Ben mitgebracht hatte, ein Stück vom Lagerfeuer weg. Lorenz versuchte sofort, ihm den Fußball abzujagen, die anderen folgten lachend und grölend, bis eine Rangelei daraus entstand, bei der sie zu guter Letzt über und über mit Sand bedeckt waren.

Um diesen wieder abzuwaschen, rannten sie grölend ins Meer

und spritzten sich gegenseitig nass. Das kalte Wasser ernüchterte sie weitgehend und hatte zur Folge, dass sie noch mehr tranken.

***

Es wurde spät in der Nacht, als sie endlich müde wurden und ihnen nichts mehr einfiel, was sie noch reden oder anstellen konnten. Die frische Brise, die vom Meer her wehte, würde sie unter normalen Umständen zum Frösteln bringen, doch der Alkohol wärmte sie von innen. Und insgeheim genossen sie es, komplett nackt zu sein, auch wenn das keiner von ihnen zugegeben hätte.

Sie beschlossen, in ihre Zelte zu kriechen und ihren Rausch auszuschlafen.

Ben war so geistesgegenwärtig und bedeckte die Glut in der Feuerstelle mit Sand, um sie zu löschen. Sebastian und Enzo wankten bereits in ihr Zelt, das gleich in der Nähe stand.

»Bist du sicher, dass die beiden überhaupt was mitkriegen, wenn einer kommt und was klaut?«, fragte Matti. Sein Blick war nicht mehr ganz klar.

Lorenz zuckte mit den Schultern und sah sich um.

»Keine Ahnung, aber hier liegt eh bloß noch Müll rum.«

»Und ein halb voller Bierkasten!«, sagte Ben, als er die vollen Flaschen darin entdeckte. »Wieso ist der nicht leer geworden?«

»Kannst ja noch saufen – ich habe jedenfalls genug«, winkte Matti ab.

Ben nahm sich tatsächlich noch eine Flasche und meinte, die sei jetzt sein »Betthupferl«. Dabei grinste er und drückte das kalte Glas an seinen Bauch. Dann sah er sich suchend um.

»Wo ist eigentlich mein Zelt hin?«

»Weißt du nicht mehr, wo es steht?«

»Keine Ahnung!«

Es war zu dunkel, um überhaupt etwas zu erkennen, aber Matti war sich ziemlich sicher, dass er wusste, in welche Richtung Ben gehen musste.

»Da lang!« Er wies auf die dunklen Bäume, die dort begannen, wo der Strand endete.

»Nee, da ist doch euer Zelt«, Ben schüttelte den Kopf und schwankte.

»Ja, aber deines auch.«

»Bist du sicher?«

»Alter, ich bring dich noch hin, okay?«, bot Matti an aus Sorge, sein Freund könnte seine Schlafstelle verfehlen.

»Okay«, meinte Ben erleichtert. »Bist echt ein guter Kumpel.«

»Klar doch«, grinste Matti. »Lorenz, los, wir gehen.«

»Klar, Mann.« Lorenz nahm ein paar Kleidungsstücke auf, schüttelte sie aus und untersuchte sie in dem fahlen Licht des Mondes, ob es auch wirklich seine waren. Dann setzte er sich in Bewegung. Seine Kleidung trug er unter dem Arm. Ben und Matti überlegten kurz, ob sie ihre Sachen in dieser Dunkelheit überhaupt suchen sollten und entschieden sich dagegen. Wenn es in ein paar Stunden hell wurde und sie ausgeschlafen hatten, wäre es leichter, sie zu finden. In ihrer Trunkenheit bedachten sie nicht, dass sie in diesem Fall komplett nackt den Strand überqueren mussten, und das unter den Augen der Öffentlichkeit.

»Nackig ist geil«, sagte Ben und lachte. »So geil wie eine scharfe Frau ... Boah, jetzt hätte ich Bock zu vögeln!«

Matti warf einen Blick auf die Körpermitte seines Freundes, aber wegen der Schatten, die das Mondlicht warf, und der Dunkelheit konnte er nichts sehen.

»Ich glaub eher, du brauchst eine Abkühlung«, meinte er grinsend.

»Nee, ich brauch ein Weib!«

Ben schien eindeutig mehr Alk gesoffen zu haben als die anderen. Eigentlich kein Wunder, er hatte Geburtstag und Abschiedsfeier zusammengelegt. »Da muss man auch doppelt so viel bechern«, war seine Aussage zu Beginn des Festes gewesen. Dass sein Freund trotz des Alkoholgehaltes fähig sein sollte zu ficken, erstaunte Matti.

»Hier ist gerade kein Weib verfügbar, also beruhige dich wieder«, meinte er. »Und geh ins Meer, dann verschwindet dein Ständer auch wieder«, er warf einen Blick auf Ben, denn jetzt hatte er den Steifen gesehen.

Lorenz war an ihnen vorbeigetrottet und hatte ihre Diskussion nicht beachtet. Mittlerweile lief er weit vor ihnen, als Ben sich umdrehte und über den Sand zum Meer lief, wo er prustend und bibbernd eintauchte.

Matti lief ihm hinterher und blieb am Rand des Wassers stehen. Ben kam prustend und schnaubend an die Oberfläche und lachte.

»Verdammt, ist das kalt! Jetzt bin ich wieder nüchtern! Wir müssen noch das restliche Bier saufen!«

»Mann, ich will in die Falle!«

»Ach komm schon! Sind bloß ein paar Flaschen!«

Matti ließ sich überreden. Sie kehrten zu dem Lagerplatz zurück, Ben trocknete sich ab und beide leerten noch je drei Flaschen Bier, während sie sich leise unterhielten. Matti wollte wissen, wo die Flasche war, die Ben als Betthupferl deklariert hatte.

»Keine Ahnung, Mann. Muss ich verloren haben.«

»Also, los. Ich will pennen.«

»Ich auch. Weißt du denn jetzt, wo mein Zelt ist?«, fragte Ben. In dem unzureichenden Licht sah er nur Schatten, die sich beim Näherkommen auflösten und zu realen Gegenständen wurden.

»Ich habe doch gesagt, ich bring dich hin.« Matti deutete auf die schemenhaften Bäume.

»Okay.«

Sie stellten die leeren Bierflaschen in den Kasten und machten sich auf den Weg, um Bens Zelt zu suchen.

***

Clara hatte sich im Dorf ein paar Früchte, Tomaten, Wasser und Brot besorgt, das sie als Abendessen auf einem Felsvorsprung verzehrte. Das Meer war an dieser Stelle nicht besonders tief, und Clara überlegte, ob sie sich einfach nackt ausziehen sollte, um sich in dem fast klaren Wasser abzukühlen.

Sie tat es. Ihre Kleidung deponierte sie auf dem trockenen Felsen, kletterte von ihm herunter und lief in das kühle Nass, das ihre nackte Haut streichelte. Es war so wunderbar entspannend, dass Clara am liebsten nicht mehr rauswollte. Doch irgendwann wurde es ihr zu kühl, die Sonne berührte beinahe den Horizont und sie musste noch trockenwerden. Also kletterte sie auf den Felsvorsprung und setzte sich hin, um von dem Wind und den letzten Sonnenstrahlen getrocknet zu werden. Das Haar wrang sie sorgfältig aus.

Danach zog sie sich wieder an, schlenderte am Wasser entlang, bis es allmählich dämmerte und kehrte mit nackten Füßen und den Schuhen in der Hand zufrieden über diesen Urlaubstag zu ihrem Zelt zurück. Sie war angenehm erschöpft. Den Sonnenuntergang hätte sie am liebsten gemalt, so schön war er. Aus ihrer Tasche holte sie den Kulturbeutel und machte sich damit auf den Weg zu dem nahe gelegenen Campingplatz, um dort die Toilette zu benutzen. An einem Kiosk erstand sie eine Flasche Wasser und kehrte damit mit der festen Absicht, sofort einzuschlafen, in ihr Zelt zurück. Der Himmel zeigte ein letztes Glühen. Um sie herum war es dunkel bis auf den Feuerschein etwas weiter den Strand entlang, wo die Typen, die sie am Nachmittag bereits bemerkt hatte, immer noch feierten.

Clara schloss den Reißverschluss des Zeltes hinter sich, zog sich aus – sie schlief nur nackt – und legte sich in den leichten Sommerschlafsack, der auf einer Matte ausgebreitet lag. Eigentlich hätte sie zu gerne den Sternenhimmel angeguckt, bis sie eingeschlafen wäre, aber sie mochte es nicht, auf dem Präsentierteller zu sein und morgens von neugierigen Augen überrascht zu werden.

Die jungen Männer, die seit dem späten Nachmittag am Strand

feierten, hörten immer noch Musik in einer Lautstärke, die Clara normalerweise wachgehalten und genervt hätte. Außerdem lachten und grölten sie herum, als ob sie hier allein wären. Clara vermutete, dass die fünf Typen das auch glaubten, und war froh, dass sie so müde war, dass der Lärm sie nicht weiter störte. Das Lachen, die Musik und die Stimmen begleiteten sie in den Schlaf. Sie glitt davon wie ein Schiff auf ruhigen Gewässern, und sie träumte wieder von dem attraktiven Matthias Holl, ihrem Kollegen, der sie bis in ihr Unterbewusstes verfolgte. Aber diese Träume waren so angenehm sinnlich. Sie regten Claras sexuellen Appetit an, sie machten sie unruhig und sehnsüchtig nach Berührungen, nach Streicheleinheiten, nach handfestem Sex. Die Träume von Matthias Holl erschienen ihr oft so real, dass sie am nächsten Morgen beim Aufwachen manchmal glaubte, der Mann liege tatsächlich neben ihr.

Clara stöhnte im Schlaf, weil sie glaubte zu spüren, wie ihr Kollege langsam über ihre Nippel leckte und sich dann mit seinem Mund und seiner Zunge über ihre Möse hermachte. Seltsamerweise wiederholte sich dieser Traum innerhalb der gleichen Sequenz: Während der attraktive Lehrer zuvor noch tief in Clara eingedrungen war, stand er im nächsten Moment vor ihrem Zelt und öffnete den Reißverschluss, um zu ihr zu kommen und alles zu wiederholen, was sie bis dahin geträumt hatte. Aber mit wem unterhielt Matthias Holl sich, fragte Clara sich erstaunt in dem Dämmerzustand, in dem sie sich gerade befand. Das war neu – dass der Kollege erst noch mit jemandem redete, bevor er zu ihr kam, um sie zu vögeln. Und die Stimme passte irgendwie nicht zu ihm, sie klang ganz anders.

Das beunruhigte sie. Ihr Instinkt sagte ihr, dass irgendwas nicht stimmte. Sie wachte auf, als eine Stimme laut sagte: »Hoppla!«, und eine Hand grob auf ihrem Bein landete.

***

Ben und Matti stolperten durch die Dunkelheit und spähten in die Schatten, die der Mond leider nicht erhellte, um das Zelt zu finden.

»Weißt du denn jetzt, wo es ist, oder nicht?«, maulte Ben.

»Ich war mir sicher, dass es hier steht … oder vielleicht noch ein Stückchen nach rechts?«, sagte Matti, überlegte und lief auf die nächste dunkle Ecke zu, in der Hoffnung, dort unter den Bäumen endlich Bens Zelt zu finden.

»Da ist es ja!«, frohlockte er kurz darauf. Ben folgte ihm und nickte zufrieden.

»Da ist es ja«, wiederholte er. »Na endlich.« Das Zelt wurde tatsächlich ein wenig vom Mondlicht erhellt; ein Umstand, der ihnen wohl geholfen hatte, es zu finden.

Mittlerweile fröstelte er aufgrund seines Adamskostümes und freute sich auf seinen Schlafsack.

»Also, bis später dann, und danke!«, wandte er sich müde an Matti, der die Hand hob und sich verabschiedete. Ben ging in die Hocke und öffnete den Reißverschluss. Endlich pennen, dachte er. Er fragte sich, ob er nicht doch zu viel gesoffen hatte, weil ihm dieses Zelt anders vorkam als sein eigenes, aber dann zuckte er mit den Schultern und schlüpfte durch den Spalt. Drinnen war es erwartungsgemäß dunkel. Seine Hand traf einen seltsamen Gegenstand in seinem Schlafsack; der Gegenstand begann zu zucken und entpuppte sich als Bein, an dem ein ganzer Mensch hing, der erschrocken hochfuhr und zu schreien begann. Ben war völlig perplex und sprachlos. Er realisierte erst nach Sekunden, dass es sich hier um eine Frau handelte, die laut kreischte.

Wie kam eine Frau in sein Zelt?

Matti hörte von draußen das Schreien und drehte sofort um. Was hatte Ben denn nun angestellt? Er rannte zu dem Zelt zurück, schlug die Plane beiseite und guckte hinein. Zum Glück schien das Mondlicht ein Stück weit hinein. Drinnen hockte der nackte

Ben und brachte kein Wort heraus. Vor ihm war ein Schlafsack, in dem eine kreischende Frau saß, die erst damit aufhörte, als sie Luft holen musste.

»Äh … sorry. Aber ich glaube, Sie sitzen hier in meinem Zelt«, sagte Ben ganz verdattert. Seine Augen hatten sich an das spärliche Licht gewöhnt, und so registrierte er nach und nach, dass diese Frau nackt war. Was ihn daran erinnerte, dass er ebenfalls nichts anhatte.

»Ganz bestimmt nicht!«, fauchte die Frau. Ihre Brüste waren sichtbar, der Rest von ihr steckte in dem Schlafsack, der tatsächlich ein wenig anders aussah als der von Ben. Hübsche Brüste, dachte Ben. Er spürte, wie sein Schwanz sich interessiert meldete.

»Sind Sie sicher?«, fragte Matti nun nach. Er hatte sich vor den Zelteingang gehockt und spähte hinein, sah ebenso wie sein Kumpel, dass diese Frau verdammt hübsch war. Und vor allem nackt.

»Ja, das bin ich! Was fällt euch eigentlich ein, hier mitten in der Nacht … Moment.« Die Frau griff neben sich und förderte ein Handy zutage, tippte auf dem erleuchteten Display herum und schaltete die Taschenlampenfunktion ein. Das Licht blendete Ben und Matti.

»Ihr seid ja beide nackt?«

***

Clara wurde durch die grobe Berührung am Bein unsanft aus ihrem Traum von Matthias Holl gerissen und schnappte erschrocken nach Luft. Sie fuhr hoch und begann, lauthals zu schreien, als sie eine schemenhafte Gestalt in der Ecke des Zeltes hocken sah. Sie glaubte im ersten Moment, überfallen und ausgeraubt zu werden oder mindestens vergewaltigt, aber als die Gestalt, die sich als einer der jungen Kerle von dem Lagerfeuer entpuppte, keinerlei Anstalten machte, sie zum Schweigen zu bringen, wunderte Clara sich doch. Als sie Luft holte, sprach der Typ sie an.

Vehement verteidigte sie ihr Zelt, um ihm klarzumachen, dass nicht sie sich im Eingang geirrt hatte, sondern er. Dann tauchte auch noch ein zweiter Kerl auf, der draußen vor der Öffnung hockte. Clara registrierte, dass beide Männer nackt waren. Als sie die Taschenlampe ihres Handys anmachte, blinzelten die nackten Typen in das Licht.

Nackt. Und auch noch attraktiv, ging es Clara durch den Kopf, als sie die beiden genauer betrachtete. Zwar angetrunken und vermutlich müde, aber eindeutig sexy. Ihre Überlegungen waren dem erotischen Traum geschuldet, den sie gehabt hatte und der sie wie so oft innerlich vibrierend und unruhig hinterließ. Als sie nun die zwei gut aussehenden Männer ansah, spielte ihre Libido verrückt. Anders konnte sie sich ihre nächsten Sätze und Handlungen nicht erklären. Und das, was dann geschah.

»Okay, Jungs. Jetzt seid ihr schon mal hier.« Clara schlug das Oberteil des Schlafsackes zurück und präsentierte sich komplett. Nackt von oben bis unten, mit schlanken Beinen, runden Hüften und Brüsten, die die beiden Kerle die ganze Zeit schon angestarrt hatten.

»Ich bin Clara. Wie heißt ihr?«

»Ben.«

»Matti.«

»Dann komm doch mal rein, Matti«, lud sie den draußen Hockenden mit lockender, heiserer Stimme ein. Er kroch zu ihr, wagte sich weiter vor, weil Clara ihn lächelnd mit dem Finger zu sich winkte, und fand sich unversehens in einem fordernden Kuss mit dieser Frau wieder. Matti schien so überrascht, dass er zu atmen vergaß, er fing sich jedoch schnell wieder.

Clara spürte seine Hände, die sich auf ihre nackten Brüste verirrten, und ermutigte ihn, ihre Nippel zu streicheln. Der andere Typ, der sich Ben genannt hatte, hockte noch immer in der Ecke und starrte auf die Szene, die sich vor seinen Augen abspielte. Er schien noch nicht begriffen zu haben, was sie auch mit ihm vorhatte.

Clara lächelte ihm zu. Sie legte sich bequem auf den Rücken und öffnete ihre Schenkel.

»Leck mich, ja?«, sagte sie leise zu Ben. Der nickte, senkte seinen Kopf zwischen ihre Beine und streckte seine Zunge raus. Sobald sie die feuchte Möse berührte, zuckte Clara begeistert stöhnend zusammen. Dabei vergaß sie nicht, Mattis Schwanz weiter mit ihren Händen zu bearbeiten. Der Mund an ihrem Geschlecht bewegte sich, und all die aufgestaute Lust durch den erotischen Traum war wieder da. Sie keuchte und schlang ihre Beine um Bens Kopf, den sie näher zu sich heranzog. Seine Zunge schnellte in ihre Spalte und leckte sie aus. Die Zungenspitze strich rhythmisch über ihre wachsende Kirsche, und Clara bäumte sich wollüstig auf.

Dann spürte sie die Eichel von Matti an ihren Lippen. Er schob seinen Schwanz vorsichtig in ihren Mund, sie schnappte gierig danach und sog ihn ein, was ihm ein tiefes, geiles Stöhnen entlockte. In dem Licht des Handys beziehungsweise dessen Taschenlampe konnte Clara Mattis Augen sehen, die geil auf ihre nackten Brüste starrten. Der Junge hatte einen Body, der sich wirklich sehen lassen konnte, ging es ihr durch den Kopf, bevor Bens Zunge sie erneut nach Luft schnappen ließ.

***

Himmel, wie toll sie roch! Und welche Hitze sie ausstrahlte! Matti war völlig berauscht und sein Schwanz entwickelte sich zu einem ausgewachsenen Ständer, der sich nur allzu gerne von dieser Clara streicheln ließ. Ihre Hände liebkosten seine Eier und den Schaft, während Matti selbst seine Finger kaum von diesen hübschen Brüsten lassen konnte. Dann bemerkte er aus den Augenwinkeln eine Bewegung in dem engen Zelt. Ben hatte sich aus seiner ungläubigen Starre gerührt und schob sich jetzt näher. Als er seinen Kopf zwischen die schlanken Beine dieser Frau schob, war

Matti einen Moment lang neidisch. Aber Clara verwöhnte ihn mit ihren Händen, und sobald er seinen Schwanz in ihren Mund schob, schloss er genießerisch die Augen. Ihre Mundhöhle war so heiß und feucht wie eine Möse. Matti glitt tiefer und spürte ihre Zunge, die an seiner Spitze leckte. *Geil. Einfach nur geil*, dachte er noch, dann vergaß er alles um sich herum.

***

Ben dagegen versuchte, sich trotz seines pochend harten Schwanzes auf die leckere, duftende Spalte vor seinem Gesicht zu konzentrieren. Sie war so nass, dass er von ihr trinken konnte. Eigentlich war er sich nicht sicher, ob er das hier gerade tatsächlich erlebte, weil es ihm so unrealistisch vorkam. Vielleicht hatte er zu viel gesoffen und befand sich inzwischen in einer Art Delirium, das ihm solche geilen Träume bescherte?

Lieber nicht darüber nachdenken, dachte er und presste seine Lippen auf die sabbernde Möse. Er hörte das Stöhnen der Frau, als er über ihre Kirsche leckte, dann steckte er seine Zunge so tief wie möglich in sie hinein und spürte, wie sie kam. Ihr ganzer Körper bebte, sie stieß begeisterte Schluchzer aus und drückte sein Gesicht mit ihren um ihn geschlungenen Beinen fest auf ihre zuckende Spalte. Sie löste den Klammergriff ihrer Schenkel erst, als ihr Höhepunkt verebbte.

Das war für Ben der Moment, dem sehnsüchtigen Verlangen seines Ständers Abhilfe zu verschaffen. Er richtete sich auf, kniete nun zwischen Claras Beinen und tauchte mit einem einzigen Schwung in ihre Möse. Sie war wunderbar eng. Ben war sich jetzt sicher, dass das hier einfach die Erfüllung seines Geburtstagswunsches war, als er erst vor Kurzem noch zu Matti gesagt hatte, dass er ficken wolle. Er stieß mit wild zuckenden Hüften in die heiße Muschi, glitt dabei tiefer und tiefer, während Clara keuchte und gleichzeitig den Ständer von Matti ableckte.

Denn Matti war explodiert, als Clara gekommen war. Seine

Sahne schoss geradezu aus ihm heraus, landete teilweise in dem geöffneten Mund, als sie ihre Begeisterung hinausjubelte, und bedeckte sowohl ihr Gesicht als auch ihre Brüste. Als sie fertig war, ergriff sie lächelnd Mattis Schwanz und leckte ihn sauber, während Ben sie vögelte.

Das brachte sie erneut in Fahrt.

***

Clara feuerte Ben keuchend an, weil der erste Orgasmus ihr nicht zu genügen schien. Sie war völlig ausgehungert nach Sex, vor allem nach all den erotischen Träumen wegen ihres Kollegen. Innerhalb kurzer Zeit war sie erneut auf dem Weg zum Gipfel, sie keuchte und stöhnte, bewegte ihre Hüften, ließ ihr Becken kreisen und verlangte von Matti, sie auch noch zu ficken, als Ben japsend in ihr gekommen war.

Er gab sein Bestes. Denn von nun an wechselten sich die beiden jungen Männer die restliche Nacht über darin ab, Clara zufriedenzustellen und sich an ihr zu bedienen. Es schien für Clara wie die Erfüllung all ihrer Träume auf einen Schlag, denn obwohl das Zweimannzelt für drei Personen zu eng war, fanden sie Stellungen, die den kleinen Raum optimal ausnutzten.

Als sie sich trennten, ging gerade die Sonne auf.

Und nachdem sie sich zu dritt für den nächsten Abend verabredet hatten, um diverse Stellungen und Ficks zu wiederholen, war Clara sich sicher, dass sie eigentlich gar keinen Matthias Holl brauchte, um sexuell erfüllt zu sein.

Die Nackte Spritztour

Timothy war gebürtiger Schotte. Wir hatten uns im Rahmen eines Austauschprogrammes kennengelernt, waren in Kontakt geblieben und hatten uns in den letzten zwei Jahren mehrmals gegenseitig besucht, bis wir feststellten, dass wir uns liebten. Von da an hatten wir Sex. Fantastischen Sex.

Nein, Timothy war kein Adonis im herkömmlichen Sinn. Er hatte rotblondes Haar, Sommersprossen auf seiner blassen Haut und war dünn wie ein Spargel. Niemand, der ihn kennenlernte, würde darauf kommen, dass Timothy wahnsinnig ausdauernd beim Ficken war und sehr geschickt mit seinem Schwanz umgehen konnte. Niemand würde außerdem darauf kommen, dass ebendieser Schwanz meine uneingeschränkte Bewunderung genoss, allein wegen seiner Länge und Dicke.

Timothy war geil. Und er gehörte mir.

Seit einem halben Jahr lebte dieser unglaubliche Mann mit mir zusammen. Wir konnten kaum genug voneinander bekommen, wir liebten beide die gleichen Dinge wie leckeres Essen, das Meer und die Freikörperkultur. Ja, wir gingen regelmäßig an den FKK-Strand, nicht nur im Urlaub. Außer natürlich im Herbst und im Winter, da verlegten wir unser Nudistendasein in den ortsansässigen Swingerclub. Und das ganze Jahr über in unsere eigenen vier Wände.

Timothy lernte durch mich, dass das nackte Dasein etwas Schönes war. Von seiner Kultur und Familie geprägt, dauerte das ein Weilchen bei ihm, denn im Vereinigten Königreich war man es keinesfalls gewohnt, sich in der Öffentlichkeit komplett vor anderen Menschen auszuziehen, die nicht gerade der geliebte Partner waren, mit dem man Sex haben wollte. Die Schotten waren ebenso wie die Briten diesbezüglich ziemlich konservativ und galten in unseren Augen als prüde.

Aber Timothy war lernfähig, weil er schnell herausfand, dass ich scharf auf ihn wurde, sobald ich ihn nackt sah. Ich vögelte gerne mit ihm und nutzte so ziemlich jede Gelegenheit dazu. Er im umgekehrten Fall ebenfalls. Einmal trieben wir es hinten in unserem Garten miteinander, weil ich mich zu diesem Zeitpunkt dort komplett nackt auf der Liege sonnte. Timothy war auf der Arbeit, ich hörte ihn nicht nach Hause kommen und schrie überrascht auf, als jemand sich ebenfalls nackt zu mir legte und anfing, mich zwischen den Schenkeln zu streicheln.

Wir waren ziemlich hemmungslos, zur Freude unseres Nachbarn, der auf seinem Grundstück rechts von unserem gerade die Rosen schnitt. Wir achteten nicht auf ihn, als wir in eindeutiger Stellung miteinander beschäftigt waren – ich auf allen vieren auf dieser Liege, Timothy hinter mir kniend. Wir hörten lediglich das leise Stöhnen zu uns hinüberdringen, nachdem wir bereits fertig waren.

Seitdem erhielten wir Obst und Gemüse von diesem großzügigen Nachbarn geschenkt. Im Gegenzug lieferten wir regelmäßig eine Performance ab, die den älteren Herrn erfreute. Eine Win-win-Situation also, die wir gerne aufrechterhielten.

***

Um andere Menschen, die uns besuchten, nicht zu irritieren oder vor den Kopf zu stoßen, nahmen wir selbstverständlich Rücksicht auf deren Gefühle und zogen uns etwas über, sobald es an der Tür klingelte. Auch, wenn wir in die textilbekleidete Öffentlichkeit oder zur Arbeit gingen, passten wir uns an. Ansonsten nicht.

Es sollte ja Menschen geben, die so extrem ihr Nudistendasein lebten, dass sie selbst im Winter nackt in den Schnee gingen und kein Problem damit hatten, nur mit ihrer Haut bekleidet einkaufen zu gehen. Manche waren so überzeugt von ihrer Lebensphilosophie, dass sie sogar ihre Kinder dazu bringen wollten, nackt in die Schule zu gehen.

Doch es gab Grenzen, da waren Timothy und ich uns einig.

***

Es war Juli, draußen vor dem Fenster kündigte sich ein herrlicher Tag mit blitzblauem Himmel und lauer Luft an. Es würde heiß werden. Außerdem war es Wochenende und wir hatten alle Zeit der Welt für uns gepachtet. Ich stöhnte geil, als mein Geliebter mir die letzten Stöße verpasste und damit meinen Orgasmus auslöste. Er überflutete mich, ließ sämtliche Muskeln meines

Körpers sich anspannen und konvulsivisch zucken, bevor meine Kirsche heftig zu flattern begann und meine Möse den harten Schwanz in mir massierte. Timothy knurrte, dann spürte ich seine heiße Sahne in mir und wie er sich tief in mich hineinpresste.

Unser morgendlicher Sex war der Auftakt des Tages. Hierfür stellten wir uns sogar die Woche über den Wecker, um Zeit zu haben. Ein Quickie sprang dabei mindestens raus, wir starteten erfüllt, befriedigt und fröhlich in den Tag und konnten uns absolut nicht mehr vorstellen, wie es wäre, ohne das zu leben.

Wir schmiegten uns zärtlich aneinander, als Timothy fragte: »Darling, was hältst du davon, wenn wir heute an den FKK-Strand gehen?«

Ich lächelte und gab ihm einen Kuss.

»Das ist eine super Idee! Gleich nach dem Frühstück, ja?« Ich war hungrig und wollte erst noch zu Atem kommen, denn mein Süßer hatte mich ziemlich gefordert. Es war ja nicht nur so, dass wir die Hälfte der Nacht miteinander gevögelt hatten. Timothy war so früh wieder aufgewacht, dass er seinen morgendlichen Ständer gleich in mich versenken wollte. Damit hatte er mich geweckt.

»Und was möchtest du frühstücken?«, fragte er mich jetzt liebevoll.

»Eier mit Speck, etwas Obst und gebutterten Toast?«

»Kommt sofort, Madam!« Er sprang aus dem Bett und lief in die Küche. Er liebte es, für mich das Frühstück zuzubereiten. Und ich liebte es, von ihm verwöhnt zu werden.

Bis die Eier fertig waren, huschte ich unter die Dusche, wusch mir blitzschnell die Haare und erschien mit einem Handtuch um den Kopf und sonst nichts am Körper in der Küche, in die mich der verlockende Duft der in der Pfanne brutzelnden Eier lockte. Die Speckstreifen lagen bereits appetitlich drapiert auf ihnen. Der Tisch war bereits gedeckt.

»Du verwöhnst mich!« Ich ging auf die Zehenspitzen und gab Timothy einen Kuss. Dann setzte ich mich an den Frühstückstisch, zupfte hier eine Traube von der Rebe, krümelte etwas Toast auf meinen Teller und musste automatisch daran denken, wie es war, als dieser süße Brite mich beim ersten Mal verführt hatte. Die köstliche Mischung aus Vanillesoße, Weintrauben und Timothys heißem Saft, glaubte ich immer noch schmecken zu können.

***

Wir tranken Tee und unterhielten uns, während wir frühstückten. Der FKK-Strand lag nicht allzu weit von unserem kleinen Haus entfernt, trotzdem war er besser mit dem Auto erreichbar als mit dem Fahrrad, mit dem wir ausnahmsweise einige Umwege in Kauf nehmen müssten. Mit dem Wagen würden wir schneller dort sein.

»Wenn es nur nicht so heiß in unserer alten Kiste wäre!«, seufzte ich. Denn obwohl das Auto in der Garage neben dem Haus und somit noch im Schatten stand, würde es nicht lange dauern und der Blechkasten hätte sich binnen Minuten aufgeheizt und in einen Backofen verwandelt.

Timothy schien eine Idee zu haben, doch bevor er sie mir mitteilte, fragte er: »Müssen wir unterwegs oder auf dem Rückweg noch irgendwo anhalten?«

Ich schüttelte den Kopf.

»Nein, die Getränke, Handtücher und den Proviant haben wir ja dabei. Warum?«

Ein breites Lächeln glitt über sein Gesicht.

»Wenn das so ist, müssen wir uns nichts anziehen, sondern können uns nackt ins Auto setzen.«

Ich starrte ihn bewundernd an. Was für eine geniale Idee! Ich war stolz auf diesen Mann. Denn wir konnten direkt vom Haus in die Garage gehen und mussten uns nicht vor der Haustür zeigen. Jeder, der während der Fahrt zufällig einen Blick auf uns durch die Autofenster erhaschen sollte, würde lediglich unsere nackten Schultern sehen. Während bei Timothy als Mann mit großer Wahrscheinlichkeit vermutet würde, dass er einfach ohne T-Shirt, aber mit einer Shorts bekleidet im Auto säße, könnte es zwar sein, dass die Leute in meinem Fall ins Grübeln kamen. Aber wer sagte denn, dass meine Brüste *nicht* mit einem trägerfreien Bikinioberteil bedeckt seien? Bevor die Spanner sich darüber vergewissern konnten, waren wir längst über alle Berge, sprich: am Strand.

***

Nachdem wir den Tisch abgeräumt hatten, packte ich ein paar Getränke und etwas zu Essen in einen Korb sowie Handtücher, ohne die kein echter FKKler auskam. Hier ging es um Hygiene und Höflichkeit zugleich. Setzte man sich zum Beispiel an die Strandbar, dann nie, ohne sein Handtuch auf den Barhocker zu legen, bevor man seinen Allerwertesten darauf platzierte. Denn niemand wollte die Bakterien des Vorgängers an seiner intimsten Stelle hängen haben und zu Hause eine unliebsame Überraschung erleben. Und niemand wollte sich mit seinen Kostbarkeiten, sei es Frau oder Mann, nackt in den Sand setzen. Daher waren Handtücher oder Badetücher beinahe lebenswichtig. Handtücher mit uns zu tragen, war für uns so selbstverständlich wie für andere Menschen, sich anzukleiden.

Timothy sprang ebenfalls noch schnell unter die Dusche, dann waren wir abfahrbereit. Wir gingen den schmalen Flur entlang zu unserer Garage und brachten den Essenskorb im Kofferraum unseres Wagens unter. Timothy setzte sich auf den Fahrersitz und stellte den Motor an, ich postierte mich innen an dem Garagentor und drückte auf den Schalter, der das Tor nach oben gleiten ließ. Noch bevor es sich bis zur Hälfte geöffnet hatte, war ich bereits zur Beifahrertür gehuscht und saß im Auto.

»Das war eine wirklich gute Idee, mein Schatz«, lobte ich Timothy, während er rückwärts aus der Einfahrt fuhr. Er grinste und streifte mich mit einem zunächst schwer zu deutenden Blick, bevor er wendete und langsam die Straße entlangrollte. Die Sommersprossen auf seiner hellen Haut schienen zu leuchten. Ich liebte jede einzelne von ihnen. Gedankenlos berührte ich Timothys Oberschenkel und ließ meine Fingerspitze um die entzückenden Punkte kreisen.

Das hätte uns beinahe einen Unfall eingebracht.

Timothy schnappte erschrocken nach Luft, machte mit dem Auto einen Schlenker auf die Gegenfahrbahn und wieder zurück, bevor er mir einen Blick zuwarf, der mir heiße Schauder über den Rücken laufen ließ.

In seinem Schoß erhob sich mein Lieblingsspielzeug.

»Darling, du hast mich erschreckt!«, sagte mein Süßer empört.

»Tut mir leid …« Fasziniert von dem, was sich dort drüben jenseits der Gangschaltung abspielte, beugte ich mich ein wenig hinüber.

»Was machst du da?«, fragte Timothy mit zunehmender Nervosität.

»Och, eigentlich nichts. Ich gucke nur«, sagte ich harmlos lächelnd, aber meine Augen hefteten sich erbarmungslos auf das, was sich zunehmend in Timothys Schoß straffte und allmählich in die Höhe ragte.

Meine Möse begann zu prickeln und feucht zu werden. Es war sowieso schon heiß in diesem Auto geworden, als wir von unserer Wohnstraße nach rechts abgebogen waren, um auf den Zubringer zu gelangen. Timothy hatte sein Fenster geöffnet. Durch den großen Spalt drang Zugluft herein, aber sie kühlte nicht ab. Mich jedenfalls nicht.

Denn es war wie schon oft so, dass der Anblick meines nackten Geliebten und dessen wachsendem Ständer die stets unterschwellig vorhandene geile Hitze anfachten. Ich beugte mich weiter zu ihm hinüber und steckte meinen Kopf unter Timothys Arm hindurch, um besser an seinen Schwanz ranzukommen. Wenn ich die Zunge rausstreckte, konnte ich die hübsche Eichel mit der Zungenspitze berühren. Aber eigentlich wollte ich mich auf den Schoß meines Süßen setzen und diesen harten Riemen reiten.

Timothy hatte eigentlich keine Chance mehr. Zwei Minuten lang versuchte er noch, sich auf den Verkehr zu konzentrieren, dann stieß er ein lüsternes Knurren aus.

»Du bist unmöglich«, sagte er gespielt grimmig.

Ich hatte mich über seinen Oberschenkel geschoben. Meine nackten Brüste berührten seine Haut und ließen seinen Ständer vermutlich noch härter werden.

»Findest du?«, fragte ich scheinheilig, als ich kurz von seiner Latte abließ. Ich schaffte es, mich so weit zu ihm zu beugen, dass ich mit der Zunge den Schaft ablecken konnte. Außerdem schob ich jetzt meine Hand unter seine Eier, um sie zu liebkosen. Timothy hatte nämlich sehr bereitwillig seine Oberschenkel geöffnet. Sein atemloses Keuchen war Musik in meinen Ohren.

»Warte wenigstens«, bat er leise stöhnend, während meine Lippen sich gierig über die schöne Eichel stülpten und sanft daran saugten.

»Warum?« Worauf sollte ich denn warten? Dieser leckere Schwanz befand sich direkt vor meiner Nase, ich konnte jetzt nicht einfach damit aufhören, ihn zu lecken. Dafür schmeckte er zu gut. Wieder saugte ich die zitternde Spitze in meinen Mund und stupste sie mit der Zungenspitze. Ich wusste genau, dass mein Geliebter diese Neckereien schätzte.

»Warte!«, flehte mich der Mann an, der seit einem halben Jahr das Bett mit mir teilte und sich nun völlig in meiner Hand befand, im wahrsten Sinne des Wortes. Ich spürte, wie der Wagen um eine enge Kurve bog und ins Holpern kam. Das bewirkte, dass meine Lippen sich je nach Bewegung etwas weiter über den heißen Schaft schoben oder wieder zurück.

Timothy stöhnte, weil ich nicht von ihm abließ. Ich schaffte es einfach nicht. Dieser Mann ließ mich zu einer wahren Nymphomanin mutieren, jedenfalls, was ihn betraf. Ich war verrückt nach ihm.

***

Der Wagen hielt, und Timothy brachte es noch fertig, den Motor abzustellen, dann atmete er tief aus. Ich hob lächelnd den Kopf.

»Du geiles Luder«, sagte er zärtlich. Seine grünen Augen leuchteten, und jetzt konnte ich auch den Blick von vorhin richtig deuten, den Timothy mir zugeworfen hatte. Er hatte Appetit bekommen.

Ich löste seinen Sicherheitsgurt und meinen dazu. Er war sowieso unnütz geworden, sobald ich mich seitlich zu Timothy gebeugt hatte. Mein Schatz stellte seinen Sitz so weit nach hinten, wie es möglich war, und ich kletterte über die störende Mittelkonsole zu ihm hinüber und setzte mich auf seinen Schoß. Sein Schwanz befand sich hart und hoch aufgerichtet zwischen uns.

Timothy legte seine großen, warmen Hände auf meine Hüften. Ich küsste ihn, spürte seine Zunge, die über die zarte Haut meiner Lippen strich, und ließ sie ein. Sie erforschte jede einzelne Stelle in meinem Mund, sie spielte mit meiner Zunge und unsere Münder saugten sich geradezu aneinander fest, während ich langsam meine Hüften bewegte und mich genüsslich an seinem starken Schwanz rieb. Meine Schamlippen waren so nass und weit geöffnet, dass meine Klit augenblicklich hervortrat. Mein Atem ging schwer.

Dann lagen Timothys Hände auf meinen Brüsten. Sie kneteten und massierten sie, rieben über die aufgerichteten Nippel und streichelten hin und wieder über meinen Rücken. Allmählich vibrierte alles in mir, und alles schien vor Lust geschwollen zu sein.

Ich hob mein Becken an, kippte es ein wenig und fing die pulsierende Eichel mit meiner Muschi ein. Das leise Stöhnen, das aus Timothys Mund drang, elektrisierte mich. Er versuchte, mich mit seinen Händen nach unten zu schieben, damit er schneller in meine saftige Spalte eintauchen konnte, aber ich wollte ihn intensiv spüren und das hier genießen. Deshalb schüttelte ich lächelnd den Kopf und sah ihm in die Augen.

»Überlass mir die Führung«, bat ich ihn leise. Er nickte leicht, doch ich konnte genau sehen, wie schwer es ihm fiel. Denn wenn wir dieses »Spielchen« spielten, ließ ich mir meistens so viel Zeit, bis mein Geliebter halb wahnsinnig war.

Das gefiel mir.

***

Ich ließ mein Becken kreisen und sank dabei langsam, sehr langsam nach unten. Der harte Schwanz glitt millimeterweise in meine nasse Möse. Die Reibung jagte lüsterne Schauer durch meinen Körper.

»Küss mich«, forderte ich.

Timothy gehorchte. Ich liebte es, wenn seine Lippen sachte über meinen Mund streiften, an meiner Kinnlinie knabberten und dann zurückkehrten, um mich mit tiefen Zungenschlägen zu küssen. Doch plötzlich pressten seine Hände mich mit einem Ruck auf seinen Schwanz, der jetzt tief in mir steckte. Mein Geliebter grinste frech. Er wusste genau, dass ich das so nicht geplant hatte und es gegen die »Regeln« war.

»Na warte!«, drohte ich ihm spielerisch und biss sanft in seine Unterlippe.

Wieder lagen seine Hände auf meinen Brüsten und massierten sie. Timothy beugte seinen Kopf nach unten und nahm eine Brustwarze in seinen Mund. Er saugte an ihr, dabei sah er mir in die Augen und ließ den Nippel langsam zwischen seinen Lippen hervorgleiten. Dann wechselte er zu der anderen Seite und wiederholte das Ganze. Verdammt, er wusste genau, wie er mich verrückt machen konnte! Wenn ich nicht aufpasste, dann war nicht ich diejenige, die ihn wahnsinnig machte, sondern es wäre umgekehrt.

Meine Hüften bewegten sich schneller. Ich konnte seine Härte spüren, wie sie in mir zuckte. Dann hob und senkte ich mich, glitt mit meiner Möse an dem dicken Schaft entlang und entlockte Timothy ein geiles Stöhnen. Seine Augen sahen schon ein wenig glasig aus.

Gut so.

Nun war es an mir, mit den Fingerspitzen um seine Brustwarzen zu kreisen und an ihnen zu zupfen. Dann beugte ich mich vor und leckte an ihnen, knabberte sanft an den winzigen Nippelchen und lauschte dem schweren Atem über mir. Wieder ließ ich mein Becken rotieren und spürte dabei die intensive Reibung. Ich wusste genau, dass irgendwann selbst für mich der Punkt erreicht sein würde, an dem ich die Kontrolle völlig verlor und mich gehen ließ, mich von diesem Mann vögeln ließ, bis wir beide atemlos waren. Aber noch war es nicht so weit, auch wenn meine Brüste nach mehr Aufmerksamkeit verlangten. Auch wenn meine Möse immer saftiger wurde und auch wenn meine Kirsche zu immenser Größe angeschwollen war – ich war mir sicher, dass ich diesen Mann zuerst irremachen würde.

***

Unser Stöhnen und Seufzen verwoben sich zu einer lustvollen Melodie in dem engen Innenraum des Autos. Obwohl ein Fenster geöffnet war und die heiße Sommerluft zu uns drang, beschlugen die anderen Scheiben allmählich aufgrund der Hitze unseres Gefechts. Ich ging dazu über, Timothy zu reiten. Meine Hüften hoben und senkten sich, sein Schwanz verschwand schmatzend in meiner Spalte und kam nass von meinem Mösensaft wieder hervor. Die Geilheit erforderte es, dass meine Bewegungen immer schneller wurden, und Timothy legte seine Hände an meine Taille und versuchte, mich zu dirigieren.

Ich wurde bewusst langsamer, obwohl es mir schwerfiel.

Mein Geliebter zog entrüstet die Brauen zusammen, dann sah er mein Lächeln und verstand.

»Freches Ding«, flüsterte er zärtlich und ließ mich los.

Eigentlich wollte ich in diesem Rhythmus abwechseln, mal schneller und mal langsamer werden, um unsere beiden Explosionen noch länger hinauszuzögern. Aber es ging nicht mehr. Ich war schon zu weit, hatte den Point of no return längst überschritten und alles in mir strebte nach der Erlösung, die ein Orgasmus mit sich bringt. Timothy erging es nicht anders. Sein Gesicht war gerötet vor Anstrengung, sich nicht vorzeitig gehen zu lassen. Dafür bewunderte ich ihn.

Meine Hüften vollführten mehrere Schwünge, ich ritt den harten Schwanz nun in vollem Galopp und gab begeistertes Jauchzen von mir, weil meine Brüste geil hin und her schwangen und meine Nippel sich an Timothys Haut rieben.

Mein Geliebter ächzte, er schnappte nach Luft, ich stieß einen wilden Schrei aus und wir kamen gleichzeitig. Unsere Körper zuckten wie in einem gemeinsamen Tanz, während wir uns aneinander festhielten. Der heiße Saft füllte mich.

***

Timothy schöpfte nach Atem und grinste.

»Darling, du machst mich sprachlos!«

Ich war wunderbar träge und befriedigt, daher lächelte ich nur lasziv und rutschte von seinem Schoß, um auf meine Beifahrerseite zurückzukrabbeln.

»Du mich auch, mein Sweetheart«, gab ich liebevoll zurück. Diese Explosion war so gewaltig gewesen, dass mir jetzt noch schwindelig davon war. Zärtlich streichelte ich Timothys Hände und sah an ihm vorbei aus dem Fenster. Erst jetzt nahm ich so richtig wahr, wo er uns in der Eile hingefahren hatte. Wir standen auf einem Feldweg, der von der Hauptstraße abbog. Hinter uns fuhren in etwa 300 Meter Autos vorbei. Wäre eines von ihnen ebenfalls auf diesen Feldweg abgebogen, weil der Fahrer pinkeln musste, wäre es mit dem Fick vermutlich zu Ende gewesen.

Timothy säuberte sich noch ein wenig, dann startete er den Motor und wendete. Bis zum FKK-Strand mussten wir noch zwanzig Minuten fahren, dann wären wir da.

Der Parkplatz war ziemlich voll, als wir ankamen. Das hatten wir schon oft erlebt – am Wochenende zog es sowohl die eingefleischten Nudisten als auch jene an den FKK-Strand, die das nur mal ausprobieren wollten. Bisher hatte es mit Letzteren keine besonderen Vorkommnisse gegeben, aber es kam schon vor, dass unbedarfte Neu-FKKler den Frauen auf die nackten Brüste glotzten oder sie mit Anmachsprüchen zu ködern versuchten. Umgekehrt war mir nicht bekannt, dass sich ein Kerl darüber beschwert hätte, dass eine Frau einen Blick auf sein Gemächt riskiert hatte. Es musste daran liegen, dass wir Frauen sehr viel diskreter sein konnten …

Wir hatten Glück und fanden einen Parkplatz in der Nähe des Bereiches, wo wir am liebsten waren. Als wir ausstiegen, guckten die Leute zwar ein wenig, weil wir nackt waren, aber das störte uns nicht weiter. Auf diesem Parkplatz war Nudismus nicht verboten.

Timothy holte unseren Korb aus dem Kofferraum und schloss den Wagen ab. Hand in Hand gingen wir nebeneinander her bis zu dem Eingang des FKK-Strandes, bezahlten die Eintrittsgebühr und wandten uns nach links. Dort, wo wir hinwollten, befand sich eine Strandbar in der Nähe, die in einer mit Bast gedeckten runden Hütte untergebracht war. Außerdem fand man hin und wieder ein lauschiges Plätzchen für sich allein, das von den anderen Sonnenanbetern noch nicht entdeckt worden war.

***

Um uns herum wuselte das nackte Leben. Nackte Frauen und Männer jeglichen Alters gingen entweder zu zweit oder allein spazieren, oder sie lagen auf ihren Badetüchern im Sand, cremten sich ein und zogen sich einen Sonnenhut über den Kopf, bevor sie sich zurücklegten.

Hin und wieder tauchte ein nahtlos braun gebranntes Elternpaar mit kleinen Kindern auf, die auf dem Weg zum Wasser und mit aufblasbaren Schwimmtieren, Eimern und Schaufeln bewaffnet waren. Ich sog den Anblick der fröhlichen Menschen geradezu in mich auf. Die Szene wirkte, als ob wir alle bereits im Urlaub wären anstatt nur einen Tag am Wochenende hier zu verbringen.

Timothy zog mich zur Strandbar, weil unser exzessiver Fick ihn durstig gemacht hatte und das Wasser in unserem Korb für das hoffentlich einsame Plätzchen vorgesehen war, zu dem wir strebten. Er bestellte zwei Piña colada.

»Auf uns, my Darling!«, sagte er, prostete mir lächelnd zu und hob sein Glas.

»Auf deine beeindruckende Latte!«, antwortete ich spontan. Das war mir einfach so herausgerutscht. Ein älteres Ehepaar neben uns drehte sich missbilligend um.

Timothy lachte laut los und sah mich mit blitzenden Augen an. Dann nippte er an seinem Getränk. Er amüsierte sich königlich über meine vorlaute Klappe, denn das irritierte Paar tuschelte miteinander, dann verließen sie umständlich ihre Barhocker und verschwanden nach einem letzten vorwurfsvollen Blick auf uns.

»Prima, jetzt haben wir einen Sitzplatz«, sagte ich grinsend und drapierte mein Handtuch auf dem Sitz.

Eine halbe Stunde lang beobachteten Timothy und ich das Treiben um uns herum. Es waren einige Männer unterwegs, die den nackten Schönheiten intensive Blicke zuwarfen und sie von oben bis unten musterten. Sie hatten Glück, dass diese Schönheiten mit geschlossenen Augen dalagen und nichts davon mitbekamen. Ich hatte einmal erlebt, wie eine der Frauen blitzschnell aufgestanden war, den lüsternen Kerl beschimpfte und mit Sand bewarf.

Aber es gab auch schöne Männer hier. Bewundernd folgten meine Blicke den muskulösen Schultern und knackigen Hintern, was Timothy sehr wohl bemerkte, denn er knurrte: »Gegessen wird zu Hause!«

»Natürlich, mein Liebster!«, versicherte ich ihm. Nie käme ich auch nur auf die Idee, es mit einem anderen als mit ihm zu treiben, und Timothy wusste das auch. Er spielte nur hin und wieder gerne den Eifersüchtigen, was den darauffolgenden Sex häufig nur noch atemberaubender machte. Denn dann zeigte er mir wahrhaftig, wo der Hammer hing!

Das brachte mich auf eine Idee.

***

Der Fick im Auto war ja ganz nett gewesen, wirkte im Nachhinein jedoch eher wie eine Vorspeise. Wenn ich wollte, dass mein Geliebter es so richtig krachen ließe, musste ich ihm eine gewisse Motivation dazu liefern. Er hatte die Tendenz, mich ordentlich ranzunehmen, härter als sonst, wenn er einen Anlass zur Eifersucht sah – obwohl ich ihm schon oft versichert hatte, wie sehr ich ihn liebte und er mir glaubte.

Da ich gerade am Auslaufen war und so schnell wie möglich einen harten Fick brauchte, nutzte ich seine Verhaltensweise jetzt schamlos aus.

Also starrte ich den fremden Männern hinterher und begaffte sie aus dem sicheren Schutz der Strandbar heraus. Timothy neben mir wurde allmählich unruhig.

»Was machst du da?«

Ich zuckte mit den Schultern und hörte nicht auf, den Kerlen auf den Hintern zu gucken. Aber innerlich war meine Aufmerksamkeit völlig auf Timothy gerichtet. Denn mittlerweile breitete sich erneut die Hitze in mir aus in Erwartung dessen, was da kommen würde. Ich forderte ihn heraus.

Timothy schnaubte, dann holte er eine Brieftasche aus dem Korb und bezahlte unsere Getränke. In meinem Glas befand sich noch ein Schluck, aber er ließ es mich nicht austrinken, sondern zerrte mich von dem Barhocker. Ich konnte mir gerade noch mein Handtuch schnappen, dann lief ich kichernd hinter Timothy her, der meine Hand nicht losließ und mich in Richtung ruhigere Gefilde zog.

Wir fanden tatsächlich ein grasbewachsenes Stückchen Land, auf dem wir uns niederlassen konnten. Ein paar Büsche bildeten einen Sichtschutz zu den anderen Nacktbadenden hin; außerdem waren wir weit genug von den anderen entfernt, sodass unsere Geräusche kaum bis zu ihnen dringen sollten.

Timothy stellte den Korb ab und zog mich an sich.

»Du bist fällig«, knurrte er und küsste mich hart. Wie ich das liebte! Ich tat noch ein wenig so, als würde ich mich sträuben, aber er ließ sich davon nicht beirren. Einen Arm hielt er um mich geschlungen, die freie Hand legte er zwischen meine Schenkel und befingerte mich. Seine Augen blitzten.

»Aha, so ist das also«, murmelte er.

Jetzt hatte er mich durchschaut. Ich war feucht und bereit für ihn. Er grinste, weil er wusste, was ich gerade extra für ihn veranstaltet hatte.

Ich schmiegte meinen Unterleib an ihn und spürte seine Härte, ganz abgesehen davon, dass ich gerade einen verstohlenen Blick nach unten geworfen hatte und wusste, dass mein Geliebter scharf war. Seine Hände glitten über meinen Rücken, als er mich erneut küsste, und ich wurde schwach. Unsere Körper schienen miteinander zu verschmelzen, so eng pressten wir uns aneinander. Seine Haut war heiß von der Sonne – oder war es die Hitze, die auch ihn erfasst hatte?

Timothy hob mein Bein und hielt es fest, damit er in mich eindringen konnte. Seine Eichel schlüpfte in mich hinein, eine Hüftbewegung von ihm, sodass er von unten in mich stoßen konnte, und er steckte bis zur Hälfte in mir. Die Reibung ließ mich nach Luft schnappen. Timothy schluckte mein Keuchen, seine Zunge spielte in meinem Mund, während seine starken

Hände mich festhielten. Wir standen unter einem Baum, der Schatten spendete, dennoch hatte ich das Gefühl, von innen und von außen zu verbrennen.

Ich bewegte mich im Takt mit meinem Geliebten. Diesmal war er es, der ihn vorgab und die Führung übernahm. Und weil er genau wusste, wie gerne ich mich überraschen ließ, fickte er mal langsamer, mal schneller in meine Möse. Sie troff vor Nässe.

Bei jedem Stoß streifte sein Schwanz meine Kirsche. Sie schwoll an, trat gierig hervor und verlangte nach mehr. Ich stöhnte vor Geilheit und klammerte mich an Timothy fest, der seinen Kopf senkte und sanft in meine Brust biss.

Als er sich aus mir zurückzog, zitterte ich.

»Was machst du? Nicht aufhören, bitte …!«, flehte ich ihn an.

Timothy grinste und beruhigte mich: »Darling, du kennst mich doch. Wie könnte ich jemals aufhören, dich zu vögeln – oder erst gar nicht damit anfangen …«

Damit packte er mich, drehte mich um und beugte meinen Oberkörper nach vorn. Seine Hände glitten über meine Hüften und hielten mich fest. Sie zogen ein wenig meine Pobacken auseinander, strichen durch meine Spalte, dann setzte Timothy wieder seine dicke Eichel an.

Ich stand vornübergebeugt da und konnte zwischen meinen Beinen Timothys Füße sehen. Diese Position hatten wir noch nie gehabt. Das Blut stieg mir in den Kopf. Aber es war geil, als der harte Schwanz langsam in mich eindrang und meine Möse weitete. Er schob sich tiefer in mich.

Seine Finger gruben sich in meine Hüften, damit ich nicht das Gleichgewicht verlor. Denn es war in dieser Haltung ziemlich schwierig für mich, seinem Riemen beim Ficken ausreichend Widerstand zu leisten, geschweige denn, mich ihm entgegenzubewegen. Mir blieb nichts anderes übrig, als ruhig stehen zu bleiben und meine Möse Timothy voll und ganz zu überlassen.

O ja, er zeigte mir, wo der Hammer hing, denn sein Hammer steckte in mir und vögelte mir den Verstand aus dem Kopf. Sobald Timothy festen Stand unter den Füßen und sich vergewissert hatte, dass er mich gut festhielt, begann er, in mich zu stoßen. Für den Anfang startete er mit einer schnellen Ficksalve, die mir im wahrsten Sinne des Wortes den Atem raubte. Als ich zu hyperventilieren begann, blieb er tief in mir stecken und verhielt sich ruhig. Ich konnte das Pochen seines Schwanzes in mir spüren, er vibrierte geradezu in mir.

»Geh auf die Knie«, sagte Timothy mit rauer Stimme. Ich gehorchte, und er folgte meiner Bewegung, kniete hinter mir und hielt mich immer noch fest. Nun bekam ich wieder Luft. Ich wackelte mit dem Po.

»Willst du nicht weitermachen?«, fragte ich kichernd.

Als Antwort verpasste er mir einen Klaps auf die Pobacke. Der leichte Schmerz schoss sofort zwischen meine Schenkel, er ließ meine Spalte schwellen und mich erschrocken japsen. Bevor ich etwas sagen konnte, bewegte Timothy sich wieder in mir. Ich hörte sein Knurren. Die Geilheit überflutete mich, ich konnte keinen klaren Gedanken mehr fassen und reagierte nur noch auf die Stöße, die meine Möse bearbeiteten.

Weit hinten spürte ich, wie der Höhepunkt auf mich lauerte. Er war manchmal wie ein wildes Raubtier, das nur darauf wartete, mich im richtigen Moment zu überfallen. Je lauter ich schrie, desto näher kam mir das Tier. Einerseits wollte ich, dass es zu mir kam, ich begrüßte es sogar mit entsprechenden Lauten. Aber andererseits wollte ich die Zeit bis zu diesem Zusammentreffen so lange wie möglich ausdehnen, um die Geilheit zu genießen, um mich durchvögeln zu lassen, bis wir keine Luft mehr bekamen – denn auch hier galt: Der Weg ist das Ziel.

Timothy stöhnte hinter mir und hörte nicht mehr auf, in mich zu ficken. Es war der Punkt, an dem er die Kontrolle über sich verlor. Trotzdem schaffte er es, eine Hand unter meinen Bauch zu schieben und mit dem Finger über meine Kirsche zu streichen.

Das gab mir den Rest.

Ich schrie so laut, dass ein paar Vögel in der Nähe erschreckt aufflogen. Vor meinen Augen flimmerte es, das Hämmern des harten Schwanzes hörte einfach nicht auf und verlängerte meinen Orgasmus. Dann der heiße Samen, der mich füllte und mein Feuer vollends löschte – bis zum nächsten Mal.

***

»Baby, wir müssen ernsthaft miteinander reden«, sagte Timothy, als wir befriedigt nebeneinander auf unseren Badetüchern lagen. Unsere Haut glänzte von dem Sonnenöl, was mein Geliebter sehr sexy fand. Seine Finger spielten mit meinen Nippeln.

»Ernsthaft? Warum? Was ist los?«, fragte ich.

»Du kannst das nicht mit mir machen.«

»Was meinst du?«

Timothy erklärte mir, dass er jedes Mal einen halben Herzinfarkt bekäme, wenn ich anderen Männern hinterherstarrte.

»Süßer – glaubst du mir, dass ich dich über alles liebe und nur dich vögeln will?«, fragte ich.

Er nickte zögerlich.

Ich verriet ihm, dass ich ihn bewusst damit »motivieren« wollte, weil ich es in diesem Moment einfach besonders hart gebraucht hätte. Timothy dachte nach, dann lächelte er.

»Das heißt also, jedes Mal, wenn du einem Kerl hinterherstarrst, willst du einen harten Fick von mir?«

Ich lachte. »Du hast es erfasst!«

Die Sexbombe

Uwe stellte das Bierglas ab und wischte sich den Schaum von den Lippen.

An diesem Abend war in der kleinen Eckkneipe einiges los. Jeder feierte das Wochenende und läutete es mit einem oder mehreren Feierabendbieren ein, bevor er zu seiner Frau oder Freundin nach Hause ging.

Die Kneipe besaß noch den urigen Charme aus den 1980er-Jahren. Der Boden bestand aus verkratztem Parkett und die Wände waren mit Holz verkleidet. Die Musik aus den Lautsprechern hatte genau die richtige Lautstärke, sodass man sich noch unterhalten konnte, ohne dass der Nachbar das Gespräch unfreiwillig mitverfolgen konnte. Die Fenster waren geöffnet, um etwas Durchzug zu gewährleisten, denn der Tag war heiß gewesen. So mancher Kneipenbesucher stand mit seinem Bierglas vor der Tür, um dort zu rauchen und sich zu unterhalten. Uwe saß drinnen vor dem Holztresen mit den alten, unbequemen Hockern davor. Die Oberfläche des Tresens wies unzählige Kratzer, Glasringe und Macken auf.

Der Lack war ab, dachte Uwe, als er eine blank gescheuerte Stelle vor sich betrachtete, *so wie bei einigen von uns, obwohl wir erst knapp über 30 waren*. Aber irgendwie hatte sich die Illusion aus den Zwanzigerjahren, einfach alles aus seinem Leben machen zu können, wenn man nur wollte, verflüchtigt. Zurückgeblieben war so etwas wie Resignation und Hilflosigkeit sowie das Gefühl, in seiner Lebenssituation gefangen zu sein. Uwe fühlte sich alt.

Der Alkohol machte ihn immer melancholisch und gefühlsduselig.

»He, was ist los mit dir?« Uwe wurde von rechts angeschubst und sah auf. Neben ihm stand Victor, ein alter Kumpel von ihm, mit dem er sich öfter hier traf.

»Nichts. Wieso?«

»Du guckst wie drei Tage Regenwetter.« Victor hob sein Glas und prostete Uwe zu. Sie hatten bereits die dritte Runde angefangen.

Uwe seufzte. Im Gegensatz zu ihm schien sein Kumpel alles zu besitzen: ein cooles Auto, eine hübsche Freundin, genügend Geld. Selbstbewusstsein im Überfluss. Und eine Wirkung auf Frauen, von der jeder Mann nur träumen konnte. Die Weiber guckten Victor sogar auf der Straße hinterher, weil er so gut aussah.

Er selbst dagegen war wieder einmal solo und traute sich kaum noch, eine Frau anzuquatschen. Wenn er das alles Victor erzählte, gälte er als Loser. Deshalb schüttelte er den Kopf.

»Nö, alles okay. Und bei dir?«

Victor grinste ihn an und machte ein geheimnisvolles Gesicht.

»Bei mir auch. Vor allem seit letzter Woche.«

Uwe horchte auf.

»Wieso? Was war da?«

Sein Kumpel nahm noch einen tiefen Schluck aus dem Bierglas, womit er es leerte, und gab dem Wirt hinter dem Tresen ein Zeichen. »Noch eins!« Der Wirt nahm das Glas und zapfte ein weiteres Bier, stellte es auf den Bierdeckel, der Victor gehörte und malte einen Strich darauf. Dann wandte er sich anderen Gästen zu.

»Letztes Wochenende war ich mal wieder am FKK-Strand«, sagte Victor verschwörerisch.

Uwe wunderte sich.

»Ja, und?« Er wusste, dass sein Kumpel öfter dorthin ging, sobald das Wetter es erlaubte. Anfangs nur wegen seiner Freundin, die auf nahtlose Sonnenbräune stand und Victor zu einem abgelegenen FKK-Strand schleppte. Nach dem ersten Mal hatte er Uwe von den heißen Mädels vorgeschwärmt und dass es verdammt schwierig sei, den Schwengel in Schach zu halten, damit er ihn nicht verriet. Außerdem war auch noch seine Freundin Tanja dabei, die womöglich Verdacht schöpfen könnte, wenn er mit einem Ständer herumlief. Deshalb lag Victor meistens auf dem Bauch, betrachtete die schönen nackten Frauenkörper und führte seine Freundin dann lüstern nach Hause, um sie nach allen Regeln der Kunst durchzuvögeln.

Das alles war Uwe längst bekannt. Daher war Victors Offenbarung, letztes Wochenende wieder am FKK-Strand gewesen zu sein, für ihn nichts Besonderes. Er trank sein Bierglas leer, bestellte ein weiteres – das vierte – und spürte, dass Victor darauf wartete, bis der Wirt sich entfernt hatte. Als sie wieder »allein« beziehungsweise nur von der Musik umhüllt waren, sprach Victor weiter.

»Ich war ohne Tanja dort.«

Okay, das wird vielleicht doch ganz interessant, dachte Uwe und wurde neugierig. Er kannte Tanja. Sie war unglaublich eifersüchtig und würde Victor unter normalen Umständen niemals allein zum FKK Strand gehen lassen.

»Wie kam das denn?«

Sein Kumpel lächelte verschmitzt und hob die Augenbrauen. Er war eindeutig zufrieden darüber, dass er endlich Uwes Aufmerksamkeit hatte.

»Sie war die ganze letzte Woche bei ihrer Mutter, weil die ins Krankenhaus musste. Irgendwas mit dem Herz. Und weil ich ja brav die ganze Woche lang arbeiten gehe, konnte ich nicht mitfahren. Hätte mir auch gerade noch gefehlt«, schloss Victor und nahm einen Schluck aus seinem Glas.

Uwe konnte das ein wenig nachvollziehen. Wenn ein Mann eine eifersüchtige Freundin hatte, dann genoss er es, sich ein paar Tage lang ihrer Kontrolle entziehen zu können.

»Und das hast du gleich ausgenutzt?«, wollte er neugierig wissen.

Victor nickte und lachte.

»Aber so was von!«

Uwe hatte sich in der vergangenen Woche schon gewundert, weil Victor an keinem einzigen Abend aufgetaucht war. Jetzt verstand er auch, warum.

»Erzähl mal. Was hast du angestellt?«, fragte er jetzt gespannt.

»Also, am ersten Abend saß ich vor dem Fernseher, zischte mir ein paar Bier rein und zappte mich durch die Kanäle. Worüber sie sich jedes Mal aufregt, aber jetzt hatte ich ja Ruhe«, sagte Victor grinsend. »Irgendwann kam auf dem Sender sogar so was wie ein Porno, den guckte ich mir ganz genüsslich an und ging danach ins Bett.«

»Was soll das sein? ›So was wie ein Porno‹? War es denn nun einer oder nicht?«

Victor zuckte mit den Schultern.

»Keine Ahnung. Der lief im Nachtprogramm, was nicht gerade üblich ist. Von der Handlung her aber sinnfrei. Nackte Weiber, die gebumst werden – also okay, es war einer.«

»Okay. Weiter.«

Victor nippte an seinem Glas.

»Am zweiten Abend wollte ich was erleben, du verstehst?«

Uwe schüttelte den Kopf.

»Nö.«

Victor verdrehte die Augen.

»Na, der Porno hatte mich auf den Geschmack gebracht. Mit Tanja zusammen kann ich mir so was nicht angucken, die kriegt mindestens einen Anfall, weil sie meint, sie allein müsste mein Lebensinhalt sein, jedenfalls, was Sex betrifft. Okay, sie ist ja auch wahnsinnig klasse im Bett – wenn ich daran denke, was sie gestern mit meinem Ständer angestellt hat …« Er schweifte ab. Guckte verträumt lüstern in die Gegend und verstummte.

»He!« Uwe stupste ihn an. Victor kehrte in die Gegenwart zurück.

»Äh – wo war ich?«

»Du hattest den Porno angeguckt und bist auf den Geschmack gekommen«, insistierte Uwe nach kurzem Nachdenken. Die bisherigen drei Bier forderten allmählich ihren Tribut. Er musste langsamer machen, wenn er mitbekommen wollte, was sein Kumpel alles angestellt hatte.

»Ach ja. Am zweiten Abend überlegte ich, ob ich mir noch so einen Film reinziehen sollte, aber da lief nichts im Programm. Dann kam ich auf die Idee, mich vor den Computer zu setzen und mal das Angebot zu checken. Du glaubst gar nicht, was die so alles auf den Webseiten haben!« Victors Augen fingen an zu glänzen. »Du kannst dir sogar aussuchen, was du lieber magst: farbig, asiatisch, große Titten und so weiter. Das Angebot ist nicht überschaubar!«

Uwe wusste genau, wovon Victor sprach. Schließlich war er selbst aus gegebenem Anlass – seinem Singledasein – ein häufiger Kunde diverser Webseiten. Deshalb winkte er ab.

»Sag bloß, du warst noch nie auf so einer Seite!«

Victor schüttelte den Kopf und erklärte einigermaßen entrüstet: »Natürlich war ich schon auf so einer Webseite. Bevor es Tanja gab jedenfalls. Aber das Angebot wurde inzwischen erweitert und ich war bis dahin sozusagen nicht mehr auf dem Laufenden. Jedenfalls versüßte ich mir den Abend mit diversen Filmen und musste danach sauber machen …«

Jetzt grinste er anzüglich.

»Es hat dir also gefallen?«, meinte Uwe milde.

»Ja. Vor allem die Werbung, die ich angeklickt habe.«

»Welche Werbung?« Uwe dachte, Victor spräche von diversen Angeboten von Hausfrauen, die es sich live vor einer Webcam besorgen würden. Das war teuer.

»Da war eine Werbung von so einem Spiel. ›Du kannst nicht mehr aufhören, das zu spielen‹ oder so ähnlich. Das hatte mich neugierig gemacht, also klickte ich drauf.«

»Ein Spiel?«

»Ein Spiel. Ein Cyberspiel. Ein Sexspiel. Was auch immer. Ich kam erst einmal nur auf die Seite, auf der man sich registrieren muss, aber weil es schon spät war und ich am nächsten Tag früh raus und arbeiten musste, nahm ich mir das für den nächsten Abend vor.«

Wieder trank Victor einen großen Schluck Bier aus seinem

Glas, dann stellte er es auf den Tresen. Uwe wartete ab. Ein Sexspiel hatte er noch nie ausprobiert. Er war gespannt, was sein Kumpel darüber erzählte.

Der ließ sich aber Zeit. Er guckte zu dem geöffneten Fenster raus, entdeckte dort einen Bekannten und winkte nach draußen, brüllte ein »Hey, Alter, wie geht's?«, dann drehte er sich zu Uwe um und sagte, er käme gleich wieder. Anschließend wankte Victor zur Tür hinaus, um den Bekannten zu begrüßen.

Uwe starrte in sein Glas, das schon wieder halb leer war. Oder halb voll, je nachdem, wie er es nahm. Etwas trübsinnig dachte er darüber nach, dass er sich schon immer mit Pornos und erotischen Filmen behalf, während sein Kumpel Victor eigentlich alles hatte, was ein Mann brauchte: Eine lebendige Muschi, die mit weit gespreizten Schamlippen auf ihn wartete. Dass Tanja so schnell eifersüchtig wurde, beeinträchtigte Victors sexuelles Dasein zwar beträchtlich und beschränkte ihn auf eben jene Muschi. Selbst Blicke hin zu anderen Weibern schienen ihm nicht erlaubt zu sein. Dabei holte ein Mann sich doch gerade auf diese Weise den Appetit, nur um ihn dann daheim auszuleben, überlegte Uwe. Er fragte sich, was seinen Kumpel eigentlich noch bei Tanja hielt, wenn sie ihn derart kontrollierte. Das musste er Victor unbedingt mal fragen.

Als Victor nach zehn Minuten wieder hereinkam, hatte Uwe sich in dieser Zeit einen Kaffee und ein Wasser bestellt und war auf der Toilette gewesen. Jetzt war er bereit, sich Victors Geschichte anzuhören.

»Sorry, den Stefan habe ich schon lange nicht mehr gesehen. Er und seine Freundin sind auch oft beim FKK-Strand.«

»Aha?«

»Ja, die haben mich letzte Woche da ohne Tanja gesehen und sich gewundert. Sie dachten, wir hätten uns getrennt, weil doch … nein, das wollte ich erst später erzählen«, erinnerte Victor sich und guckte auf die Kaffeetasse und das halb volle Bierglas von Uwe. »Was ist denn jetzt los? Bist du urplötzlich unter die Abstinenzler gegangen?«, wunderte er sich.

»Nein. Ich will bloß nicht, dass das vierte Bier ein Schlechtes ist«, grinste Uwe. »Also verdünne ich mich mal mit Kaffee und Wasser, dann schmeckt es wieder.«

»Coole Idee.«

Uwe räusperte sich. Der Kaffee entfaltete allmählich seine Wirkung.

»He, was ist das für ein Spiel?«

»Spiel? Ach ja, das Sexspiel«, sagte Victor, als er sich daran erinnerte, was er zuletzt erzählt hatte. »Mann, das war echt klasse und macht fast süchtig. So wie in der Werbung versprochen«, sagte er. »Man registriert sich, bestätigt die E-Mail-Adresse mit einem Link, dann geht es los. Du kannst dir einen absolut geilen Avatar aussuchen, zum Beispiel einen Muskelprotz oder einen Typen mit richtig großem Schwanz. Die Weiber da drin laufen alle fast nackt rum, mit riesigen Brüsten und geilen Ärschen.«

Uwe verstand nicht.

»Wo ist da das Spiel? Ich meine, was macht man da?«

»Man reißt Frauen auf. Virtuell zwar nur, aber du kannst jede von der Seite dumm anquatschen, ohne eine Ohrfeige riskieren zu müssen!«

»Und dann?«

»Dann zerrst du sie ins Gebüsch oder wohin auch immer, reißt ihr die knappe Kleidung vom Leib und nagelst sie. Alles virtuell. Echt geil, sag ich dir.«

Uwe überlegte, ob er sich das mal angucken sollte, als Victor weitererzählte: »Die Frauen, die da reingehen, wissen ja, worum es geht, sonst wären sie nicht da. Hast du also eine gefunden, die du virtuell vögeln kannst, dann gibt es noch die Option, mit ihr zu chatten und sie irgendwann vielleicht sogar in echt kennenzulernen. Wobei ich glaube, dass keine von denen so wie ihre Avatare aussehen, das war bei mir ja auch nicht so«, dachte er laut nach.

»Und wo ist da der Reiz?«

Victor guckte seinen Kumpel an, als ob der mehr als begriffsstutzig sei.

»Du kannst dir einen runterholen, sooft du willst, Junge. Weil du es in dem Spiel so oft und mit wem du willst treiben kannst, kapiert? Da gibt es verschiedene Räume, in denen man sich treffen kann. Entweder zu zweit oder zu mehreren. Man kann als Gruppe chatten und sich gegenseitig aufgeilen oder nur mit einer Person Nachrichten austauschen. Weißt du, was ich am geilsten fand?«

Uwe schüttelte den Kopf.

»Da war eine drin, die hat mich mit ihren Worten so geil gemacht, dass ich sie glatt nach ihrer Telefonnummer gefragt hab!«

»Dein Ernst jetzt?« Was ist mit Tanja, wollte Uwe noch fragen, aber er kam nicht zu Wort.

»In dem Moment war es mein Ernst. Mein Ständer war dauergeil, bloß, weil sie mich scharfgemacht hat. Sie hat zum Beispiel geschrieben, sie wolle mir das Gehirn rauslutschen, wenn sie an meinem Schwanz nuckelt. Solche Sachen halt!« Die letzten zwei Sätze hatte Victor etwas leiser in Uwes Ohr geraunt, um sicherzugehen, dass niemand sonst sie hörte.

Uwe war allmählich wie elektrisiert. Und fast ein wenig neidisch auf seinen Kumpel, der selbst in der Welt der Pixel Abenteuer erlebte.

»Wie heißt das Spiel?«, wollte er jetzt wissen.

Victor lachte.

»Gib es zu, Alter, du verschwindest gleich nach Hause, hockst dich vor den Rechner und meldest dich da an, stimmts?«

Uwe grinste.

»Erwischt. Also?«

Victor nannte ihm den Namen des Spiels und schrieb es zusätzlich auf eine Papierserviette, die er sich von dem Wirt samt Stift geben ließ. Uwe steckte die Serviette sorgfältig ein. Dann erinnerte er seinen Kumpel daran, dass er erst von drei Abenden als Strohwitwer erzählt hätte.

»Mann, du zählst ja mit!«

»Klar doch. Vielleicht lerne ich ja noch was von dir. Siehe dieses Spiel!«, sagte Uwe und lachte. »Also, rede schon. Was hast du an Tag vier gemacht?«

Victor setzte sein Glas an und leerte den Rest Bier in einem Zug. Er knallte das leere Glas auf den Tresen, deutete auf Uwes Kaffeetasse und wollte das Gleiche.

Uwe hob amüsiert eine Augenbraue.

»Oh, Abstinenzler?«, spottete er gutmütig.

»In Teilzeit«, sagte Victor grinsend. »Also, was habe ich an Tag vier gemacht? Was denkst du, was ich gemacht habe?«

Uwe zuckte mit den Achseln.

»Keine Ahnung. Deswegen frage ich doch.«

»Das Gleiche wie an Tag drei. Verdammt, das Spiel macht echt süchtig!«, rechtfertigte er sich, als Uwe in Lachen ausbrach.

»Ich glaube eher, du warst nach deinem dauergeilen Ständer süchtig!«

»Das auch. Aber dieses Weib war halt auch da, weißt du? Die mich ständig herausgefordert hatte. Letzten Endes – okay, ich bin jetzt ganz ehrlich, und du darfst das alles niemals, unter gar keinen Umständen, Tanja oder sonst jemandem erzählen! Ist das klar?«

Uwe winkte ab. »Ja, schon klar. Also sag schon!«

Victor beugte sich weiter zu ihm rüber.

»Letzten Endes habe ich diese Frau virtuell mehrmals hintereinander gevögelt. Und genauso oft habe ich mir einen runtergeholt, weil sie so wahnsinnig geil war! Und das Heißeste war dann, dass wir dort auf einen virtuellen FKK-Strand gegangen sind und es unter Wasser miteinander getrieben haben!« Victor sah Uwe bedeutsam an.

»Unter Wasser? Wie geht das denn?«

»Das ging. Jedenfalls virtuell. Was mich zu Tag fünf und sechs bringt.«

Uwe konnte sich Vögeln unter Wasser nur schwer vorstellen. Im Wasser waren doch sämtliche Bewegungen verlangsamt?

»Tag fünf?« Er war gespannt, was Victor damit meinte.

»Tag fünf. Das war letzten Freitag. Tolles Wetter, furchtbar heiß und so weiter. Erinnerst du dich?«

»Ja.«

»Ich konnte früher Schluss machen in der Arbeit. Am Sonntag wollte Tanja wieder zurückkommen, also nutzte ich den Freitag, um mir einen geheimen kleinen Traum zu erfüllen, nämlich ohne sie an den FKK-Strand zu gehen. So wie in dem Spiel, bloß ohne Begleitung. Ich wollte einfach mal völlig nackt dort sein, ohne mit Argusaugen beobachtet zu werden. Wollte ausgiebig glotzen und gaffen, natürlich möglichst unauffällig, aber trotzdem. Aus dem Chat in dem Spiel wusste ich, dass die Frau sowieso an dem Freitag nicht online sein würde. Also ging ich zu dem Strand, suchte mir eine nette Ecke, legte mich auf den Bauch und guckte nur. So viel schönes, nacktes Fleisch mit herrlichen Rundungen, süßen Nippeln, tollen Ärschen auf einen Haufen, und ich mittendrin!«, schwärmte Victor. Er trank einen Schluck Wasser, dann einen Schluck Kaffee, und war in Gedanken ganz offensichtlich wieder bei jenem Freitag am Strand.

»Äh … was hat das denn nun mit diesem Spiel zu tun?«, wollte Uwe wissen.

»Eigentlich nichts, außer dass ich dadurch daran erinnert wurde, dass ich das schon länger mal machen wollte.«

»Ach so.« Uwe öffnete den Mund, wollte etwas sagen, wusste aber nicht wie.

»Was ist?«

»Also, ehrlich gesagt …« Er wusste nicht so recht, wie er es sagen sollte. Victor sah ihn kritisch von der Seite her an.

»Los, spuck schon aus.«

»Findest du nicht, Tanja hat dich ganz schön unter der Fuchtel?«

Victors Augen verengten sich.

»Wie meinst du das?«

»Na ja, du traust dich kaum, eine andere Frau anzugucken, wenn sie dabei ist. Geschweige denn, dir mal einen Porno anzusehen oder sogar, so ein Spiel zu spielen. Oder mit mir mal in den Puff zu gehen, zum Beispiel!« Das hatten sie tatsächlich schon mal getan. Bevor Victor Tanja kennengelernt hatte.

»Hältst du mich für ein Weichei?«, fragte Victor drohend.

Ehrlich gesagt ja, dachte Uwe, aber er hütete sich, das laut auszusprechen.

»Nein, aber sie kontrolliert dich und du lässt dir das gefallen.«

***

Victor dachte nach. Dann holte er tief Luft.

»Okay, ich sag dir mal was, alter Junge. Tanja ist echt in Ordnung, okay? Sie ist verdammt süß, sehr heiß, unglaublich klasse im Bett und auch sonst eine klasse Frau. Ihre Eifersucht ist das einzige Problem. Eigentlich ist es ihr Problem und nicht meines, aber ich mag sie sehr und nur deswegen nehme ich Rücksicht, wenn sie dabei ist. Kapiert?«

Es war ungewohnt, dass sein Kumpel so tief in seine Beziehung blicken ließ. Das machte Uwe glatt verlegen, und er bereute es, dass er überhaupt was gesagt hatte. Schließlich ging ihn das Ganze ja nichts an. Es hatte ihn nur gestört, dass Victor wie ein Gefangener klang, der eine Woche lang an der Freiheit hatte schnuppern dürfen.

»Kapiert. Sorry.«

»Kein Thema.« Victor wischte Uwes Einmischung mit einem

Grinsen weg und nippte noch einmal an seiner Kaffeetasse.

»Okay. Du warst am Freitag also am FKK-Strand?«, versuchte Uwe das Gespräch wieder in Gang zu bringen. Und wie er gehofft hatte, ließ Victor sich darauf ein und war mehr als bereit, weiterzuerzählen.

»Ja. Gleich nach der Arbeit. Was echt praktisch ist – du musst nicht erst nach Hause fahren, dich duschen und die Badehose anziehen, sondern kannst gleich dorthin fahren, unter eine Dusche stellen und ansonsten nackt durch die Gegend laufen. Du warst noch nie da, oder?«

Uwe schüttelte den Kopf.

»Nein.«

»Solltest du echt mal ausprobieren«, empfahl Victor. »Man braucht nur ein Handtuch oder Badetuch.«

»Um sich darin einzupacken? Wieso dann nicht doch eine Badehose?«

»Um sich draufzulegen oder zu setzen. Aus hygienischen Gründen. Stell dir mal vor, du setzt dich mit dem blanken Hintern an den Strand. Dann hast du doch im wahrsten Sinn des Wortes Sand im Getriebe!«

Das leuchtete ein. Uwe nickte.

»Also, zurück zu letztem Freitag. Interessiert es dich überhaupt?«, fragte Victor plötzlich wegen der vielen Unterbrechungen.

»Unbedingt!« Das meinte Uwe ehrlich.

»Ich lag also auf meinem Badetuch, vorsichtshalber auf dem Bauch, als eine richtige Sexbombe vor meiner Nase vorbeischwebte. Okay, sie war schon ein Stück von mir entfernt und lief am Wasser entlang, aber ihre Figur war echt der Hammer. Unglaublich pralle Brüste, ein knackiger Hintern, schmale Taille und lange Beine. Fast so wie dieser weibliche Avatar aus dem Game, die ich virtuell gevögelt hatte … Jedenfalls ging sie dort unten vorbei, sämtliche Kerle guckten ihr hinterher und ich merkte schon, wie mein Schwanz reagierte. Hätte nie gedacht, dass ein eingeklemmter Ständer so schmerzhaft sein kann.«

»Wo ist sie denn hingegangen?«

»Wahrscheinlich zu der Strandbar, die dort unten am Wasser steht. Von meiner Stelle aus konnte ich das nicht so genau sehen, weil ein paar Bäume die Sicht verdeckten. Ich überlegte tatsächlich, ihr einfach hinterherzugehen, aber dann dachte ich an Tanja und an meinen Ständer, der wahrscheinlich auffallen würde. Also blieb ich liegen und musste mir überlegen, was ich mit meiner Geilheit anstellen sollte.«

Victor hielt mit glänzenden Augen inne. Uwe konnte ihm ansehen, dass er wieder das Bild dieser Sexbombe vor sich hatte. Er grinste.

»Weiter!«, drängte er seinen Kumpel. Die Sache mit der Geilheit am FKK-Strand hatte ihn schon öfter beschäftigt. Was stellte ein Mann in diesem Fall mit seiner Latte an, so in aller Öffentlichkeit? Victor hatte ihm mal erzählt, dass es am Nacktbadestrand ebenso eine Etikette gab wie im Textilbereich. Man sollte den Frauen weder auf Busen noch auf die Muschi glotzen, so wie sie umgekehrt ihre Augen nicht auf das beste Stück des Mannes kleben durften. Außerdem hielt man Abstand. Sprach ein Mann eine Frau an oder umgekehrt, dann immer höflich und die Augen geradeaus für Blickkontakt.

Uwe konnte sich nicht vorstellen, dass er dazu fähig wäre. Die blanken Busen würden ihn komplett aus der Bahn werfen. Aber die Idee, sich von vornherein bäuchlings auf ein Badetuch zu legen, fand er hilfreich.

»Ich lag zum Glück weit entfernt von den anderen Leuten, sozusagen im letzten Winkel auf einer kleinen Anhöhe. Von da hatte ich halt den besten Ausblick«, sagte er grinsend, »aber das rächte sich, als ich sowohl die Sexbombe als auch die anderen hübschen Weiber sah. Ich wusste gar nicht, dass es so viele verschiedene Nippel gibt! Oder überhaupt die vielen unterschiedlichen Formen von Brüsten – das war so beeindruckend, dass ich also mit dauergeilem Ständer dalag und mir irgendwie Abhilfe verschaffen musste, sonst käme ich kaum unbemerkt von diesem Hügel runter. Also, was macht der kluge Mann in diesem Fall?«, forderte er Uwe zum Mitdenken auf.

»Keine Ahnung?« Schließlich wollte er das von Victor wissen. Man wusste ja nie, wozu man das mal brauchen konnte.

»Man reibt sich unbemerkt an dem Badetuch.«

»Unbemerkt? Das klappt?«

»Solange keiner guckt, klappt das«, bestätigte Victor zufrieden. Er war wieder durstig und bestellte für sich und Uwe ein weiteres Bier. Sobald die mit Feuchtigkeit beschlagenen kalten Gläser vor ihnen standen, trank Victor mit großen Schlucken und stieß erst dann mit Uwe an.

»Und hat jemand geguckt?«

»Ich bin nicht sicher«, gab Victor zu. »Ich war ziemlich beschäftigt, meinen Ständer zu rubbeln, verstehst du? Ab und zu habe ich mal um mich geguckt und keinen gesehen, der zu mir rübergeguckt hätte. Aber genau weiß ich es nicht.«

Für Uwe klang das nach einer unsicheren Sache. Victor gab ihm recht.

»Deswegen habe ich das am nächsten Tag auch anders erledigt«, sagte er.

»Jetzt bin ich aber gespannt!«

Victor lachte. Er war eindeutig geschmeichelt über das gespannte Interesse von Uwe, der wie gebannt an seinen Lippen zu hängen schien. Sie stießen wieder an, dann erzählte Victor weiter.

»Am Freitagabend rief übrigens Tanja an, um zu hören, wie es mir ginge. Ich erzählte ihr, ich würde sie vermissen und könne es kaum noch erwarten, bis sie wieder nach Hause käme. Das stimmte übrigens«, sagte er mit einem Seitenblick auf Uwe. »Ich war so spitz auf eine Muschi, dass jeder Tag, an dem Tanja nicht da war, echt bescheuert war. Sie meinte, sie würde sich am Sonntag beeilen. Also hatte ich nur noch eineinhalb Tage zu überbrücken. Außerdem war Wochenende, da konnte ich mich nicht mit dem Job ablenken. Wollte ich auch gar nicht.«

»Du bist wieder in das Spiel gegangen?«, riet Uwe.

»Nein. Ich bin wieder zum FKK-Strand gegangen. Diesmal etwas früher natürlich, um die ganzen heißen Mädels mit den Augen abzugreifen. Anfassen durfte ich ja nicht.«

»Okay … und dann?«

»Zuerst wollte ich mich an die gleiche Stelle legen wie am Abend vorher, aber dort war schon besetzt. Wie überhaupt der ganze Strand ziemlich voll war, mit nackten Leibern, mit kecken Nippeln und Brüsten, die mich völlig neben die Spur brachten. Ich fand nur noch einen Platz in der Nähe des Wassers. Aber du kannst dir vorstellen, dass ich dadurch ziemlich auf dem Präsentierteller war.«

Uwe nickte. Genau wegen so etwas war er bisher nicht an den FKK-Strand gegangen. Sein Ständer würde ihn verraten. Gerade, als er fragen wollte, ob schon mal jemand wegen eines Steifen vom Platz verwiesen worden sei, redete Victor schon weiter.

»Die Sexbombe war übrigens auch wieder da. Ich habe sie an ihrer heißen Figur und der Art zu gehen erkannt. Sie beachtete mich gar nicht, wie so viele andere Männer auch. Aber wir Männchen fingen sofort an zu sabbern, sobald sie an uns vorbeiging und mit ihrem knackigen Hintern wackelte. Diesmal konnte ich sie aus der Nähe beobachten. Allein deshalb hatte es sich gelohnt, keinen anderen Platz bekommen zu haben«, sagte er und lachte. »Aber von da an war es endgültig bei mir vorbei! Ich war so hart, dass mein Schwanz wahrscheinlich eine Kuhle in den Sand gedrückt hat, durch das Badetuch hindurch!«

Uwe, der mittlerweile wieder dreiviertel seines Bieres getrunken hatte, fühlte sich jetzt angenehm beschwipst und vor allem: erregt. Victors Beschreibung dieser Szene machte ihn ziemlich unruhig. Er stellte sich die Frau vor, die sein Kumpel als »Sexbombe« bezeichnet hatte, dann die ganzen nackten Männer – und Frauen –, die diesem sexy Weib nachsahen, die einen vielleicht neidisch, die anderen eindeutig lüstern. Aber was Uwe am meisten beschäftigte, war Victors Geilheit. Ohne ein lauschiges Plätzchen, an dem er sich in Ruhe abrubbeln konnte, weil jeder ihn dabei gesehen hätte: Wie war er damit umgegangen?

Uwe fragte nach.

»Tja. Gute Frage. Ich war echt in Not. Mir blieb nur eine Möglichkeit: Ab ins Wasser!«

»Ins Meer? Aber da waren doch auch Leute?«

»Ja, aber nicht unter der Oberfläche. Es gab nicht viele, die schnorchelten, und die wenigen, die es taten, waren so weit entfernt, dass sie unter Wasser nichts von mir hätten sehen können.«

Uwe war schwer beeindruckt. Auf diese Idee wäre er vermutlich nicht gekommen.

»Erzähl weiter!«

Victor grinste.

»Das Meer war zwar kühl, aber meinen heißen Stab konnte das nicht beeindrucken. Ich stand also da, mit dem Gesicht zum Strand hin und war absolut beruhigt. Weil niemand sehen konnte, was ich mit meinem Schwengel unter Wasser anstellte. Ich stand so tief drin, dass nur noch meine Schultern rausguckten – also war auch keine typische Armbewegung für andere zu sehen. Das war die beste Idee in dieser Situation, denn ich konnte auf diese Weise völlig ungestört die anderen nackten Weiber begaffen und mir einen runterholen!« Victor lachte. »Mann, war das geil! All die Brüste und sogar Muschis, die ich von dieser Stelle aus sehen konnte!«

Uwe war perplex.

»Wieso Muschis?«

»Die Frauen machten sich eher Gedanken darum, dass die Kerle ihnen von Land aus was weggucken könnten, aber meistens lagen sie mit leicht gespreizten Beinen da. Und ich konnte dazwischen gucken, weil ich im Wasser stand!« Victor amüsierte sich bei dieser Erinnerung und trank von seinem Bier. Nach einem herzhaften Rülpser hielt er sich kurz am Tresen fest. »Ich glaub, ich mach lieber Schluss für heute«, meinte er leicht schwankend.

»Moment! Du bist doch noch nicht fertig, oder war es das schon?«

Uwe kannte seinen Kumpel. Der hatte ihm das alles sicher nicht erzählt, um ihm Tipps für den Umgang mit Geilheit am FKK-Strand zu geben. Er konnte sich auch noch vage an das geheimnisvolle Getue erinnern, das Victor an den Tag gelegt hatte. Wie hatte er gesagt? Seit letzter Woche sei bei ihm alles okay?

Victor sah ihn aus trüben Augen an. Er hatte eindeutig zu viel Bier intus, obwohl seine Aussprache immer noch verständlich war.

»Nee, war nicht alles«, sagte er jetzt und schüttelte den Kopf.

»Also rede!«, forderte Uwe. Seine Hose war schon eng wegen dieser Bilder in seinem Kopf. Victor sollte sich unterstehen, ihm jetzt das Ende seiner Geschichte vorzuenthalten!

Sein Kumpel atmete tief durch.

»Ich stand also schultertief in dem Wasser und wichste mich, was das Zeug hielt. Material hatte ich ja genügend vor Augen – nackte Brüste, nackte Muschis, die Sexbombe … Irgendwann war ich fast blind vor Geilheit und bekam nichts mehr um mich herum mit, war nur noch auf meinen Schwanz fokussiert. Na ja, du kennst das sicher.

Aber dann bekam ich einen ziemlichen Schreck. Mich hatte was berührt, da unten. Von oben konnte ich nichts sehen, weil, wie gesagt: Das Meerwasser ist nicht gerade durchsichtig.«

»Was war es?«, fragte Uwe gespannt.

Victor grinste.

»Ich dachte, mich hätte eine Alge dort unten gestreift oder ein Fisch. Und dann spürte ich, wie sich dieses Ding an meinem Schwanz festsaugte …«

»Was?!« Uwe schrie fast. Das war ja gruselig!

»Ja. Sich festsaugte und weiter saugte, so heftig, dass ich innerhalb von Sekunden abspritzte!«

Uwe konnte seinen Kumpel nur noch mit großen Augen anstarren.

»Als ich wieder einigermaßen klar denken konnte, tauchte ich gleich unter, um nachzugucken, was das gewesen war. Aber da war nichts zu sehen. Eine Alge konnte es ja kaum noch gewesen sein, ein Fisch – na ja … Das konnte ich mir vorstellen, aber dann doch nicht so ganz. Nachdem ich da unten nichts fand, was an meinem Schwanz gelutscht hatte, tauchte ich wieder auf. Und da sah ich sie.«

»Wen?« Uwe wurde langsam sauer auf Victor, weil der sich alles aus der Nase ziehen ließ. Sein Kumpel genoss das sichtlich.

»Die Sexbombe. Sie tauchte ein Stück von mir entfernt auf, strich sich die langen Haare aus dem Gesicht und lächelte mich an. Und dann leckte sie sich über die Lippen …«

»Verdammt!« Uwe konnte nicht mehr an sich halten. Er drehte sich um und rannte eilig zu der Männertoilette. Er stieß eine der Kabinen auf, schloss sie von innen wieder ab und nestelte seinen mehr als harten Schwanz hervor. Mit einem leisen Keuchen bearbeitete er seinen Schwengel, stellte sich dabei eine Sexbombe à la Marilyn Monroe vor, nur mit noch größeren Brüsten, und stöhnte erleichtert auf, als seine Latte endlich abspritzte.

Dann lehnte Uwe sich gegen die Kabinenwand und fasste einen Entschluss, den er nach seiner Rückkehr zu dem wartenden Victor diesem sofort mitteilte.

»Das nächste Mal gehe ich mit zum FKK-Strand!«

Victor lachte.

»Das nächste Mal ist Tanja wieder dabei.«

»Na und? Sie ist deine Freundin, nicht meine. Und was ich im Wasser mache, während ich gemütlich den Strand beobachte, kann ihr ja wohl egal sein«, sagte Uwe grinsend. »Und falls du dich ebenfalls ins Meer begeben möchtest, um dich abzukühlen…?«

Über Victors Gesicht glitt ein breites Lächeln.

»Du lernst aber verdammt schnell«, meinte er. »Respekt!«

Die Lust auf Unverdorbenheit

»Guck dir mal diese süße Biene dort drüben an!«

Aaron saß auf seinem Badetuch und wies mit dem Kopf auf eine junge Frau, die nicht weit von ihnen entfernt in der Sonne lag. Nackt. Ihre hübschen Brüste und die Leistengegend wiesen keine einzige helle Stelle auf. Aaron folgerte daraus, dass sie regelmäßig zum FKK-Strand kam und sich hier bräunen ließ. Warum war sie ihm bisher nie aufgefallen?

Sein Freund William lag neben ihm und drehte sich auf Aarons Geheiß zu der Brünetten um.

Sie blinzelte in die Sonne, dann drehte sie sich zur Seite und holte eine Sonnenbrille aus ihrer Tasche raus, setzte sie sich auf und legte sich wieder auf den Rücken.

»Wie findest du sie?«, wollte Aaron wissen.

»Sexy.«

»Genau mein Typ. Die gefällt mir. Ich glaube, ich versuche mal mein Glück.«

Aaron stand auf und ging die paar Schritte zu der Frau hinüber.

»Hallo! Wie geht's?«, fing er das Gespräch an. »Du bist mir aufgefallen, weißt du? Wie heißt du denn?«

Die Brünette wandte ihm das Gesicht zu. Wegen der Sonnenbrille konnte Aaron nicht erkennen, dass sie ihn von oben bis unten musterte und vor allem das zwischen seinen Beinen baumelnde »beste Stück« des Mannes betrachtete. Als sie antwortete, klang ihre Stimme rau.

»Stellt man sich nicht zuerst selbst vor, bevor man jemanden nach seinem Namen fragt?«

»Oh! Sorry – ich bin Aaron.«

Sie nickte nur, wie um zu signalisieren, dass sie das zur Kenntnis genommen hatte.

»Und dein Freund?«

Aaron wandte sich halb um und meinte wegwerfend: »Das? Das ist nur William. Der sagt nie viel. Ist ein bisschen verklemmt, weißt du?«

Die Brünette zog ein wenig die Augenbrauen hoch.

»Und du nicht?«

Aaron warf sich in die Brust.

»Nein, absolut nicht. Darf ich mich zu dir setzen?« Er wies auf ihr übergroßes Badetuch, auf dessen Ecke er sich hinsetzen wollte, um ungestört mit der unbekannten Schönen zu reden.

Doch sie schüttelte den Kopf. Was Aaron jedoch nicht abschreckte. Wieder fragte er nach ihrem Namen und bekam heraus, dass sie Lena hieß.

»Lena ... von Magdalena? Oder von Helena? Ein Kosename vielleicht?«, sinnierte Aaron. »Ein schöner Name, echt. Was machst du so?«

»Ich liege in der Sonne am FKK-Strand«, antwortete Lena trocken. Und lasse mich von einem Typen anquatschen, der seinen Kumpel schlechtmacht. Blödmann.

Aber das sagte sie nicht.

Aaron stutzte ein wenig bei dieser Antwort, dann lachte er, als habe sie einen Witz gemacht.

»Der war gut! Nein, ich meine, wenn du gerade nicht hier bist?«

»Essen, schlafen, arbeiten, leben – so wie alle anderen auch.«

Allmählich dämmerte es dem jungen Mann, dass diese Lena

eine harte Nuss zu sein schien. Eine, die ihn geradezu herausforderte, sie zu knacken. Innerlich rieb er sich die Hände.

***

William lag auf seinem Badetuch und lauschte dem Gespräch seines Freundes mit der Schönen, die Lena hieß. Er seufzte. War ja klar, dass Aaron es nicht lassen konnte, sich auf seine Kosten zu profilieren. Das machte er immer, wenn er ein Mädel kennenlernen wollte. Und die Frauen ließen sich von ihm nur zu gerne einlullen, warfen ihm, William, etwas abschätzige Blicke zu und schenkten Aaron ihre ganze Aufmerksamkeit. Der bot alles an Charme auf, was er zur Verfügung hatte, um die Auserwählte rumzukriegen.

Für William interessierte sich kaum eine Frau. Es lag nicht einmal daran, dass er nicht gut aussehen würde. Er war groß, dunkelblond und hatte grüne Augen, die von einer Brille umrahmt wurden. Das gab seinem gut geschnittenen Gesicht mit dem kantigen Kinn, das ein Dreitagebart zierte, einen sehr männlichen Touch. Von der Figur her war William ein bisschen schlaksig, aber das fand er besser als das komplette Gegenteil. Jeden Morgen trainierte er mit Hanteln seine Oberarme und machte jeden zweiten oder dritten Tag ein Power-Work-out. Am Aussehen lag es also nicht, dass die Mädels bei ihm nicht Schlange standen wie bei Aaron.

William war schüchtern.

Sobald er bemerkte, dass eine Frau ihm auffordernde Blicke zuwarf, und sei es auch nur ansatzweise, dann zog er sich zurück. Er traute sich einfach nicht, die Betreffende anzusprechen oder auch nur anzusehen. Und selbst wenn die ein oder andere ihm zu verstehen gab, dass sie ihn »ganz süß« fände, und Aaron ihm mal gesagt hatte, dass er die Gelegenheit ergreifen müsse – er schaffte es nicht.

Kein Wunder, dass die Mädels sich bei seinem Verhalten enttäuscht zurückzogen.

Was seine Schüchternheit betraf, so hatte Aaron also teilweise recht, wenn er zu dieser Lena sagte, sein Freund sei »verklemmt«. Wobei das den Nagel nicht ganz auf den Kopf traf, aber eigentlich war das egal, dachte William. Was er völlig daneben fand, war Aarons Art, ihn als uninteressant für Lena abzutun.

Er wandte den Kopf und blinzelte zu den beiden hinüber. Die braun gebrannte Schöne lag noch immer auf dem Rücken, vor ihr hüpfte Aaron auf dem heißen Sand herum und bettelte geradezu darum, sich doch hinsetzen zu dürfen, weil seine Füße allmählich verbrannten. Wenn William richtig sah, dann umspielte ein Lächeln Lenas Lippen. Sie verweigerte Aaron selbst den kleinen Zipfel ihres Badetuchs. William schmunzelte. Es gab wenige Mädels, die Aaron irgendetwas verweigerten.

***

Aaron kam kurz zu William zurück und zog seine Badeschlappen an. Dabei rollte er mit den Augen.

»Verdammt harte Nuss«, flüsterte er William leise zu. »Aber die knacke ich noch!«

Dann kehrte er zu Lena zurück und unterhielt sich weiter mit ihr. Vielmehr, er stellte ihr neugierige Fragen, und wenn sie einsilbig antwortete, dann tat er seine Meinung kund, und das in aller Ausführlichkeit. Zwischendurch machte er der jungen Frau Komplimente.

»Du bist echt hübsch. Hat dir das schon mal jemand gesagt?«

»Ja.«

Als sie mal kurz die Sonnenbrille abnahm, um sie zu putzen, begann Aaron, begeistert von ihren Augen zu schwärmen.

»Wow, so schöne Augen! Die leuchten ja richtig!«

»Kommt drauf an, wie die Sonne reinfällt.«

»Nein, die sind bestimmt auch ohne Sonne wunderschön!«

»Wenn du meinst.«

Aaron hatte mit der Zeit das Gefühl, dass er hier baggern konnte, so viel er wollte – der Untergrund schien im übertragenen Sinn aus Stein zu bestehen. Er benötigte so etwas wie einen Presslufthammer, um zu dem harten Herzen der jungen Dame vorzudringen. Nur, woher und wie? Aufgeben war für ihn keine Option. Jedenfalls jetzt noch nicht.

Diese Lena reizte ihn zunehmend, vor allem ihre Figur. Ihre Hüften waren sanft geschwungen und der Bauch mit dem hübschen Bauchnabel flach. Dazu hatte sie unendlich lange Beine, und Aaron stellte sich unwillkürlich vor, wie es wäre, dazwischenzuliegen und ihre mit Sicherheit saftige Spalte zu vögeln. Aber sehen konnte er sie nicht; Lena lag mit geschlossenen Beinen da. Er musste an sich halten, um keine weiteren erotischen Bilder in seinen Gedanken zuzulassen, damit sein Schwengel ihn nicht verriet. Das fiel ihm zunehmend schwerer. Denn Lenas Brüste ragten keck in die Luft, die Nippel waren dunkel und erigiert. Aaron fragte sich automatisch, ob das bedeutete, dass sie heiß war und sich nur noch ein wenig zierte. Das musste es wohl sein, dachte er.

Denn so etwas hatte er bisher nicht erlebt: dass ein Mädel sich seiner Charmeoffensive widersetzte. Sollte er etwas von seiner Eloquenz eingebüßt haben? Nein, das konnte nicht sein. Er war so charmant wie immer. Er würde einfach weitermachen, bis er sie weichgekocht hatte.

Aaron zeigte ein strahlendes Lächeln, als er Lena einlud, mit ihm an die Strandbar zu kommen. Er wollte ihr gern einen Drink spendieren.

Sie lächelte freundlich zurück und verneinte.

»Ich habe gerade keinen Durst«, sagte sie.

»Dann später vielleicht?«, fragte Aaron hoffnungsvoll.

»Vielleicht.«

Wenn eine Frau »vielleicht« sagte, erinnerte Aaron sich, dann hieß das doch »ja« – oder? Er schöpfte neue Hoffnung und machte weiter. Mit der Zeit bekam er winzige Informationen von ihr, die er dazu nutzte, sie weiter auszufragen. So erfuhr er, dass sie BWL studierte. Er zeigte sich gebührend beeindruckt.

»Wie ist das Studium? Schwierig?«

»Es geht.«

Eine Frau, die so etwas Schwieriges studierte, musste entweder ziemlich schlau sein oder ihre Profs mit ihrer Attraktivität überzeugen, wenn nicht sogar mit mehr, überlegte Aaron. Er nahm an, dass Letzteres der Fall war.

Dann erfuhr er, dass sie in einer Studenten-WG lebte. Er selbst wohnte noch bei seinen Eltern, in der Einliegerwohnung ihres Hauses.

Aaron erzählte, dass er gerade seine Ausbildung beendet hätte und jetzt endlich genügend Geld verdiene und vor allem gespart hätte – was nicht zuletzt daran lag, dass er für die Wohnung keine Miete zahlen musste, doch das verschwieg er.

Er betonte das Geld so auffällig, dass Lena – von ihm unbemerkt – mit den Augen rollte. Dann fragte er, in welchem Stadtteil sie lebe. Damit verfolgte er im Prinzip nur einen Zweck: Das Gebiet, in dem Lena wohnte, mit der Zeit einzugrenzen. Wenn möglich, samt genauer Adresse. Denn zu seiner Strategie gehörte, die Beute mit allen Mitteln zu umgarnen, und dafür würde er sogar einen Blumenstrauß springen lassen.

***

William hörte sich das alles notgedrungen an und beobachtete die beiden verstohlen über seine Brille hinweg. Ansonsten tat er so, als würde er auf seinem Handy etwas lesen. Mittlerweile lag er auf dem Bauch, weil all das nackte Fleisch um ihn herum seine Wirkung nicht verfehlte. Vor allem nicht Lenas nacktes Fleisch, das ziemlich verlockend dort drüben lag wie eine Praline auf einem Präsentierteller. Ein Anblick, der seinen Freund wohl ziemlich reizte, sonst würde er sich nicht so viel Mühe geben, dachte William.

Allmählich war er es leid, sich dieses Gesülze anzuhören und mitzuerleben, wie Aaron sich produzierte. Trotz des deutlichen Widerstandes der Schönen konnte er kleine Gebietseroberungen verzeichnen. William war frustriert, weil er selbst niemals so auf eine Frau zugehen konnte, wegen seiner Schüchternheit. Aber nachdem er eigentlich jede Woche miterlebte, wie Aaron vorging und Schmeicheleien wie Sahnebonbons verteilte, die sich jedes Mal gleich anhörten, reichte es ihm allmählich.

William sah sich an dem Strand um. An diesem Tag waren nicht so viele Menschen da wie sonst, und die FKKler, die regelmäßig hier waren, hatten ihre Stammplätze eingenommen. Die meisten aalten sich in der Sonne. William beschloss, sich in den Schatten zurückzuziehen, um Abstand von dem Gebalze seines Freundes zu bekommen. Außerdem hielt er den Anblick der sexy Lena nicht mehr aus. Ihr Körper war so perfekt, dass William allmählich befürchtete, sein Schwanz würde ihn verraten, wenn er erst später aufstehen würde. Am besten, ich laufe bis zu den Bäumen dort hinten, da sind keine Leute, dachte er und stand auf.

Aaron bemerkte ihn nur, weil Lena ihm ihr hübsches Gesicht mit der riesigen Sonnenbrille zuwandte.

»Was ist?«, fragte er kurz angebunden.

»Ich geh in den Schatten. Dort hinten.« William wies auf die Bäume, die ein ganzes Stück entfernt waren.

»Geht klar.« Aaron nickte, etwas angepisst über die Unterbrechung durch seinen Freund, doch dann setzte er erneut ein strahlendes Lächeln auf.

William stapfte los. An den Füßen trug er seine Badelatschen, unter dem Arm seine Sachen samt Badetuch. Soweit er wusste, gab es dort hinten sogar ein Fleckchen mit Gras.

Aaron sah ihm hinterher. Es war ungewöhnlich, dass William

gerade jetzt verschwand. Sonst blieb er immer so lange, bis Aaron die Auserkorene rumgekriegt hatte, weil er eigentlich von ihm lernen wollte. Er zuckte die Achseln und wandte seine Aufmerksamkeit ganz der Schönheit zu seinen Füßen zu.

Wenn er es endlich schaffte, auf ihrem Badetuch Platz nehmen zu dürfen, dann wäre wieder was gewonnen.

***

Für Lena war es nicht das erste Mal, dass sie von einem Kerl angequatscht wurde. Hier am FKK-Strand glaubten einige Typen, die nackten Frauen hier seien so was wie eine Auswahl, ein Angebot, das die Männer sich nur zu nehmen brauchten. Dieser Aaron war genauso von sich überzeugt wie viele andere auch. Seine Prahlereien und plumpen Komplimente langweilten Lena, aber sie ließ ihn gewähren, weil sie insgeheim den Freund dieses Aufreißers beobachtete. Die dunkle Sonnenbrille war verspiegelt, sodass Aaron nichts davon mitbekam. Hin und wieder sah dieser William verstohlen zu ihr hinüber, dann senkte er den Blick auf sein Handy und tat so, als sei er beschäftigt. Lena fand diesen Jungen sehr interessant und attraktiv. Er schien tatsächlich schüchtern zu sein, sonst würde er sich neben Aaron an sie ranschmeißen und versuchen, ihre Aufmerksamkeit auf sich zu lenken. Vielleicht bestand diese Freundschaft aber auch gerade daraus, überlegte sie, dass William immer zurücksteckte, damit diese Männerbeziehung hielt?

Als Aaron sie zu einem Drink einladen wollte, lehnte sie ab, weil sie William weiter beobachten wollte. Sie wusste, dass ihr »Vielleicht« neue Hoffnung in Aaron weckte, aber das war ihr egal. Mit gesenkten Lidern linste sie zu William hinüber. Er war wirklich hübsch. Sie wünschte, er würde mal aufstehen, damit sie auch seine Statur begutachten konnte. Und seinen Schwanz.

Als er es schließlich tat, war Lena über den Grund enttäuscht. Er wollte gehen. Sie hatte gehofft, dass dieser schüchterne Typ bliebe und sich irgendwie eine Gelegenheit ergäbe, sich doch noch zu unterhalten. Vorausgesetzt, dieser Aaron mischte sich nicht ein, worüber Lena sich keineswegs sicher war. Der Kerl hörte einfach nicht auf, sie anzubaggern. Er merkte nicht, dass er keine Chancen bei ihr hatte, oder er wollte es nicht merken. Auf irgendeine verquere Art schien das so eine Art Ehrenkodex in Sachen Eroberungen bei manchen Männern zu sein: niemals aufzugeben.

Lena folgte William mit den Augen, bis sie ihn nicht mehr sehen konnte. Er schien zu den Bäumen zu gehen, die ein gutes Stück entfernt waren und tatsächlich Schatten boten.

Sie hatte einen ähnlichen Grundsatz, was Männer betraf, die sie interessierten: diese von sich zu überzeugen. In Lenas Beuteschema kamen Aufreißertypen wie Aaron nicht vor. Sie bevorzugte eher das, was William darstellte: zurückhaltende, schüchterne Männer, die es für sie zu erobern galt, wenn es möglich war. Denn meistens waren diese stillen Kerle im Bett überhaupt nicht mehr still, sondern fantastische Liebhaber.

Lena wandte sich Aaron entschlossen zu. Es war Zeit, Tacheles zu reden.

***

Aaron war entsetzt.

»Aber was soll das heißen?« Von einer Sekunde auf die andere schien die hübsche Lena sich verwandelt zu haben. Wobei sie in diesem Moment wieder ihr zuckersüßes Lächeln aufsetzte, das ihn schon die ganze Zeit über verwirrt hatte. Er schöpfte neue Hoffnung. Das, was sie gerade gesagt hatte, meinte sie sicher nicht so.

»Was das heißen soll? Ja, bist du taub? Hast du Bohnen in den Ohren?«, fragte sie mit freundlicher Stimme. Dann runzelte sie die Stirn. »Okay, ich erkläre dir, was das heißen soll: Verpiss dich!«

Aaron war sprachlos. Da hatte er ihr seinen ganzen Charme

gezeigt und sich angestrengt, sie anzubaggern, und jetzt? Was war schiefgelaufen?

»Äh … habe ich was falsch gemacht?«, fragte er.

Sie sah ihn an, als habe er nicht mehr alle Nadeln auf der Tanne. Dann seufzte sie.

»Ja. Du hast alles falsch gemacht. Du hast deinen Freund vor mir schlechtgemacht, du hast mit deinem Geld angegeben und trotz deiner Fragen und meiner Antworten selbst zu viel gequatscht. Du nervst und ich will nix von dir. Also zieh endlich Leine, ja? Sonst mache ich hier einen Aufstand, dass garantiert ein paar Männer dankbar sind, wenn sie mir helfen dürfen!«

Er konnte es nicht fassen. Konnte nicht begreifen, dass diese zuckersüße Schnecke mit den kessen Brüsten und der umwerfenden Figur ihn einfach abwies. Aaron machte ein mürrisches Gesicht. Er hatte die Situation beziehungsweise Lena wohl falsch eingeschätzt. Während er geglaubt hatte, sie zeige Interesse an ihm – schließlich hatte sie auf seine Fragen Antworten gegeben –, war sie nur genervt gewesen.

Na schön, dachte er. Das war wohl nichts. Er musste sich geschlagen geben.

»Okay. Nix für ungut«, murmelte er zwischen zusammengebissenen Zähnen noch hervor, dann drehte er sich um und schlappte zu seinem Badetuch zurück, das mittlerweile verwaist war, denn William hatte sich ja in den Schatten verzogen. Aaron ließ sich auf den Bauch fallen, um Lena wenigstens noch beobachten zu können und sich in seinem Selbstmitleid zu suhlen. Sie war anders als die anderen Mädels, die er bisher aufgerissen hatte. Die hatten sich wenigstens leicht beeindrucken lassen, aber Lena … Er wünschte, er hätte die Anzeichen erkannt und richtig gedeutet.

Verstohlen sah er zu ihr hinüber.

Sie nestelte gerade an ihrer Badetasche herum, dann stand sie auf und Aaron hatte für wenige Sekunden einen hübschen Blick auf ihr apfelförmiges Hinterteil samt Spalte. Sofort spürte er seinen Schwanz anschwellen. Lena richtete sich auf und hängte die Tasche über ihre Schulter. Wollte sie etwa gehen? Doch dann sah Aaron, dass sie ihr Badetuch liegenließ und nur mit der Tasche davonging. Er war beruhigt. Vielleicht hatte sie sich später ja wieder beruhigt und er erhielte eine neue Chance?

Seine Blicke folgten ihr. Sie ging mit wiegenden Hüften in die Richtung, wo sich die Strandbar befand. Irgendwann verlor Aaron sie aus den Augen und bedauerte, dass sie seine Einladung nicht angenommen hatte. Tja, dann zahlte sie ihre Getränke halt selbst, dachte er und drehte sich auf den Rücken, um auch auf der Brust braun zu werden.

***

Lena war froh, diesen Macho endlich los zu sein. Nun würde sie sich auf die Suche machen, aber vorher wollte sie zwei Drinks an der Bar kaufen, damit sie einen klitzekleinen Vorwand hatte, wenn sie so überraschend auftauchte.

Die Strandbar war überfüllt, die Bedienung eilte geschäftig hin und her, kassierte die Kunden ab, brachte Getränke, putzte die Tische. Lena ging an der jungen Frau vorbei direkt zu der Bar. Sie kannte den Barkeeper und wusste, dass sie bei ihm die Gläser mitnehmen durfte, um sie später zurückzubringen.

Nach fünf Minuten war sie wieder unterwegs, diesmal in die andere Richtung und mit zwei bunten Gläsern in den Händen. Sie hielt auf die Bäume zu und hoffte, dass sie mit ihrer Einschätzung richtig lag. Als sie ihr Ziel erblickte, lächelte sie.

***

William hatte sich einen einsamen Platz unter den Bäumen gesucht, der völlig im Schatten lag. Dort ließ er sich auf sein Badetuch nieder, starrte in die Baumwipfel und fragte sich zum wiederholten Mal, wie er eigentlich eine Frau kennenlernen sollte, wenn er sich kaum traute, eine anzusprechen? Warum konnte er nicht so von sich selbst überzeugt sein wie Aaron? Mit der Zeit lullten ihn die flirrenden Blätter und der Wind so ein, dass er die Augen schloss und vor sich hindöste.

Er merkte erst, dass jemand neben ihm stand, als der Schatten über ihm noch dunkler wurde.

»Hi.«

William öffnete die Augen und glaubte, Halluzinationen zu haben. Über ihm schwebte das Gesicht von Lena, mit einem strahlenden Lächeln und hellen Augen. Er musste träumen. Also machte er die Augen wieder zu.

Er spürte eine Bewegung neben sich und öffnete die Augen wieder. Lena saß jetzt neben ihm und lächelte ihn immer noch an.

»Ich habe dir einen Caipirinha mitgebracht«, sagte ihre sanfte Stimme. Sie drückte ihm das kühle Glas in die Hand und schlürfte an dem Strohhalm, der aus ihrem eigenen Glas ragte. Ihre Lippen waren verführerisch schön.

William setzte sich verblüfft auf.

»Danke«, sagte er und starrte Lena an.

Das konnte keine Sinnestäuschung sein. Sie saß tatsächlich neben ihm und saugte an ihrem Getränk. Dabei sah sie ihn unverwandt an. William probierte den Caipirinha. Er schmeckte sehr lecker und der Alkohol stieg ihm sofort zu Kopf.

Lena nahm ihm das Glas aus der Hand und bohrte es vorsichtig in den Sand, damit es nicht umfiel. Ihres deponierte sie gleich daneben. Die Strohhalme berührten sich.

Dann beugte sie sich über William und gab ihm einen Kuss.

Erlebte er das gerade tatsächlich? Ihre Lippen waren warm und weich, sie bewegten sich auf seinem Mund, dann leckte ihre Zunge vorsichtig zwischen seine Lippen und drängte hinein. William spürte, wie ihm schwindelig wurde, weil die Lust ihn so urplötzlich packte, dass sein Schwanz innerhalb von Sekunden hart wurde.

»So gefällst du mir«, flüsterte Lena und lächelte. Ihre Hand strich über seinen nackten Oberkörper bis hinunter in seinen Schritt. Dort umfasste sie sein hartes Glied, streichelte und liebkoste es, glitt weiter runter zu seinen Eiern und streichelte auch sie. William schnappte nach Luft.

»Aber …« Er wusste kaum, wie er sich ausdrücken sollte.

»Was?«

»Was ist mit Aaron?«

Lena sah ihn prüfend an.

»Dein Freund interessiert mich nicht. Sondern du.«

William wollte noch fragen, warum eigentlich. Schließlich war er kein bisschen charmant und so redegewandt wie Aaron, er wusste kaum, wie man mit Frauen umging und auch nicht, was ihnen gefiel – aber Lena ließ ihn nicht zu Wort kommen. Ihre Lippen pressten sich wieder auf seinen Mund, während sie sich aufrichtete und ihn zu Boden drückte, sodass er auf dem Rücken lag. Ihre Brüste berührten ihn. Ihre Nippel streiften seine Haut.

William fühlte sich wie im siebten Himmel.

Alles, was dann geschah, kam ihm im Nachhinein wie ein Traum vor, der jedoch unglaublich real war. Er kannte sich selbst nicht mehr und das nur, weil er instinktiv zu wissen schien, was er zu tun hatte. Sein Ständer schmerzte vor Härte und seine Haut war plötzlich so empfindlich auf jeden Reiz, dass er bei jeder Berührung dieses heißen Mädels vor Wonne zusammenzuckte.

***

Lena fand William unter den Bäumen, wo sie ihn vermutet hatte. Er war so wahnsinnig attraktiv, wie er lang ausgestreckt dalag und die Augen geschlossen hielt. Für einen Moment war sie völlig versunken in seinen Anblick, als sie neben ihm stand und ihn betrachtete. Sein Schwengel war selbst in diesem »normalen« Zustand aufreizend lang.

Er hatte sie bemerkt und öffnete seine Augen, schloss sie jedoch sofort wieder, nachdem er ihr einen verwirrten Blick geschenkt hatte. Aber so leicht würde sie nicht aufgeben, dachte sie und setzte sich neben ihn. Als seine hellen Augen sie wieder ansahen, reichte sie ihm das Getränk, das sie ihm mitgebracht hatte. Er hatte tolle Augen, stellte sie fest. Seine Brille lag neben ihm.

Nein, er war wahrhaftig nicht besonders gesprächig, dachte sie amüsiert. Aber das vereinfachte die Sache für sie. Kurz entschlossen nahm sie ihm das Glas aus der Hand, nachdem er getrunken hatte, dann küsste sie ihn. Er schmeckte fantastisch, und sein Kuss entwickelte sich zu einem leidenschaftlichen Verlangen, denn Williams Arme schlangen sich um ihre Taille und zogen sie hinunter auf seine Brust. Er konnte also doch reden, wenn auch auf andere Weise, als es üblich war. Denn sein Körper sagte ihr alles, was sie wissen musste.

Lena beglückwünschte sich selbst zu ihrem Einfall, William zu suchen. Er hatte ihr von Anfang an besser gefallen als sein Macho-Freund. Sie presste ihre Brüste an Williams straffen Körper, während sein Mund immer fordernder wurde und sie mit tiefen Zungenschlägen küsste, bis sie atemlos war. Sie spürte seine Hände, die ihren Rücken streichelten, dann ihren nackten Hintern und Fingerspitzen, die ihre Schenkel streiften. Das verstärkte die Hitze in ihr. Zwischen ihren Schenkeln pochte und kribbelte ihre Möse. Lena wusste, dass sie mindestens feucht war, wenn nicht sogar komplett nass. Sie musste diesen geilen Schwengel reiten, sonst würde sie verglühen!

Also schwang sie lächelnd ein Bein über Williams Hüften, sodass sie breitbeinig über ihm kniete. Sein Schwanz lag auf seinem Bauch, wunderbar hart und geschwollen. Zärtlich strich sie mit den Fingerspitzen darüber, dann bewegte sie langsam ihr Becken, um ihre geschwollenen Schamlippen an ihm zu reiben. Es war ein unglaubliches Gefühl! Am liebsten hätte sie diesen heißen

Schwengel sofort zugeritten, aber das immer roter werdende, lustverzerrte Gesicht von William hielt sie davon ab.

Sie wollte nicht, dass er zu schnell kam.

***

William fühlte sich wie in einem Traum, als er die weiche, glatte und heiße Haut unter seinen Händen spürte. Lena hatte so unglaubliche Kurven, dass er kaum genug davon bekommen konnte, sie zu streicheln. Als sie sich auch noch auf ihn setzte und ihre nasse Möse an seinem Schwanz rieb, wäre er beinahe sofort gekommen. Aber sie musste etwas gemerkt haben, denn sie hörte sofort damit auf, als sie in sein Gesicht sah.

Sie stieg wieder von ihm runter.

William glaubte, irgendwas falsch gemacht zu haben, aber sie beruhigte ihn sofort:

»Alles ist okay … aber wir wollen ja nicht, dass das hier allzu schnell vorbei ist, oder?« Dabei lächelte sie ihn verführerisch an. Sie nahm seine Hand und legte sie sich auf die rechte Brust. Dann küsste sie ihn wieder, dabei flüsterte sie: »Streichle mich doch ein wenig, ja?«

Das tat er nur zu gerne. Diese wunderschönen Kurven, diese weichen, roten Lippen … o ja, er wollte sie streicheln! Sein Daumen rieb über ihren erigierten Nippel und spielte damit, bis Lena schwerer atmete. Seine andere Hand umfasste die zweite Brust und massierte sie. William konnte gar nicht aufhören, sie anzustarren. Er beugte sich vor und lutschte an der Brustwarze, sog sie in seinen Mund ein.

Lena gab ein ersticktes Keuchen von sich. Sie wölbte sich ihm entgegen, dabei streifte ihre Hand seinen zitternden Schwanz – woraufhin William nach Luft schnappte. Sie lächelte.

Als sie seine Finger zwischen ihre Schenkel führte, bekam er große Augen. Sie war unglaublich weich und nass dort. Vorsichtig strich sein Finger durch die Spalte, dann wurde William mutiger und schlüpfte mit der Fingerkuppe ein wenig hinein. Er spürte dort einen festen, kleinen Knubbel und merkte, wie Lena ihre Hüften bewegte und sich an seiner Fingerspitze rieb. Ein leises Stöhnen drang zwischen ihren Lippen hervor.

»Mach weiter so!«, sagte sie mit gepresster Stimme und flehendem Blick. Dabei ließ sie sich nach hinten sinken, bis sie auf dem Rücken lag und William sich vorbeugen musste, um sie zu erreichen. Seine Hand ließ er dabei dort, wo sie war: auf ihrer Möse.

Der Duft ihrer Geilheit stieg ihm in die Nase. Er elektrisierte ihn geradezu; William beugte sich weiter nach vorn, bis sein Mund ganz nah an ihrer Spalte lag. Lena öffnete ihre Beine und legte die Unterschenkel auf seinen Schultern ab. Dann hob sie ihm ihr Becken entgegen.

***

Als William sich vorbeugte und seine Zunge rausstreckte, um sie zu lecken, wusste Lena im selben Augenblick, dass sie ihn richtig eingeschätzt hatte. *Stille Wasser sind tief*, dachte sie vergnügt und stöhnte leise, als die Zungenspitze ihre nassen Schamlippen streifte. *Genauso tief wie meine nasse Muschi …*

Die Zunge bohrte sich lüstern in sie hinein und leckte sie aus, förderte dabei jedoch nur noch mehr von ihrem Mösensaft zutage und brachte Lena vor Entzücken ins Schwitzen. Sie jubelte William zu und feuerte ihn an: »Ja! Ooh, ist das geil! Ja, genau da … hör nicht auf!«

Seine Lippen schmatzten zwischen ihren Schenkeln, seine Augen starrten über ihren Schamhügel hinweg auf ihre bebenden Brüste. Lena wölbte ihren Rücken und krallte sich mit den Händen in den Frotteestoff unter ihr. Über sich sah sie die Blätter der Bäume im Sonnenlicht flirren, weil der Wind immer wieder durch die Wipfel strich. Er strich außerdem über ihre erhitzte Haut, aber Abkühlung brachte er nicht. Ihre Hitze war größer.

Sie spürte, wie die herrliche Lust sich in ihr weiter aufbaute und wusste, dass dieser süße, stille junge Mann sie demnächst explodieren ließ. Sie konnte es kaum noch erwarten.

***

William gab jetzt alles. Diese Spalte schmeckte so unglaublich lecker, dass er kaum noch aufhören konnte, seine Zunge hineinzustoßen und sie auszulecken. Er presste seine Lippen darauf und saugte sich gierig an dem köstlichen Fleisch fest. Lena stammelte unverständliche Worte vor sich hin, sie warf ihren Kopf hin und her, dann bäumte sie sich mit einem heiseren Schrei auf und begann zu zucken. William legte seine Hände unter ihren Po und hielt sie fest, weil er sie weiter lecken wollte, aber dann spürte er eine Hand auf seinem Hinterkopf und sah auf.

»Süßer, das war fantastisch!«, sagte Lena und strahlte ihn an. Er lächelte unsicher zurück. Sein Schwanz pochte so hart zwischen seinen Beinen, dass es wehtat. Lena richtete sich auf und küsste seine Lippen, dabei streichelten ihre Hände über seine Oberschenkel bis hinauf zu seinem Schwengel. William zuckte zusammen.

»Leg dich auf den Rücken«, raunte Lena verheißungsvoll.

Er gehorchte. Sobald er lag, nahm sie ihre erste Position wieder ein, indem sie ein Bein über seine Körpermitte schwang und auf ihm saß. Doch diesmal bewegte sie sanft ihre Hüften dabei, kippte ihr Becken und fing seine Eichel mit ihrer Spalte ein. Sie lächelte, als sie mit den Fingern vorsichtig nachhalf.

William holte tief Luft, als er immer tiefer in sie eindrang, nur weil sie langsam ihre Hüften kreisen ließ und ihr Becken weiter absenkte. Ihre Augen schienen dabei zu leuchten, und feucht war sie auch – oder immer noch? William spürte die Enge ihrer Möse, die Hitze, die seinen Schwengel umfing und die intensive Massage. Tatsächlich schien die geile Reibung seine Latte weiter anschwellen zu lassen, wenn das überhaupt noch möglich war. Er starrte auf die leicht wippenden Brüste vor seinen Augen, als Lena sich über ihm auf und ab bewegte. Ihre Muschi glitt an seinem Schaft entlang, und wenn er komplett in ihr drinsteckte, dann berührten seine Eier ihren knackigen Hintern. *Das ist geil*, dachte er verschwommen und hob seine Hände, um Lenas Brüste zu streicheln. *Nur noch ein wenig*, dachte er weiter, *und ich komme so gewaltig, dass die Bäume vor Schreck ihre Blätter abwerfen …*

Sein unterdrückter Schrei war Musik in Lenas Ohren. Sie fühlte seine Sahne, die heiß und mit unregelmäßigen Zuckungen seines Schwanzes in ihre Spalte spritzte. Völlig verzückt von seiner Reaktion bewegte sie sich weiter, während er sie mit seinen Händen auf seine Latte drückte. Sie spannte bewusst sämtliche Muskeln in sich an, um diesen heißen Schwengel ordentlich zu massieren und jeden Tropfen aus ihm zu pressen.

Als er fertig war, sank sie vornüber auf seine Brust und sie küssten sich zärtlich.

***

»Du hast mit ihr gevögelt?« Aaron sah William ungläubig an. Dann schüttelte er lachend den Kopf. »Du? Niemals! Das glaube ich nicht!«

»Wenn ich es dir doch sage! Sie war auf einmal da, brachte mir einen Caipirinha und verführte mich.« William bekam einen träumerischen Gesichtsausdruck. »Sie war wahnsinnig geil …«

Aaron konnte das nicht fassen, geschweige denn glauben. Was bildete William sich eigentlich ein? Als ob ein Mädel wie Lena sich für so einen wie William interessieren würde! Da lachten ja sämtliche Hühnerställe!

»Nein. Das kann einfach nicht sein«, wiederholte Aaron störrisch. »Du bist bestimmt eingepennt und hast bloß davon geträumt. Gib es zu!« Obwohl er zugeben musste, nicht mitbekommen zu haben, dass William vorhin derart scharf auf die süße Lena gewesen war, unterstellte er seinem Kumpel jetzt genau das.

Aber William schüttelte nur den Kopf und grinste. »Es ist wahr, Mann!«

Aaron starrte ihn an. Er wurde etwas unsicher, denn sein Freund, das spürte er jetzt, hatte sich irgendwie verändert. Trotzdem: Es durfte nicht sein, was nicht sein konnte!

William sah an ihm vorbei und lächelte.

»Da kommt sie ja. Frag sie doch selbst!«

Tatsächlich tauchte Lena jetzt bei ihrem Badetuch auf und stellte ihre Tasche ab. Aaron und William sahen sie an, der eine mit einem strahlenden Lächeln, der andere sehr misstrauisch.

Als Lena dann nur William ansah und sein Lächeln beinahe lüstern erwiderte, erkannte Aaron die Wahrheit.

Und er war fassungslos.

Meine Freundin ist für alle da

Andreas rollte sich auf die Seite und betrachtete seine neue Freundin. Laura war das, was der feuchte Traum jeden Mannes war. Ihr hübsches Gesicht wurde von blonden Locken umrahmt; die prallen Brüste, die in diesem Augenblick mit ihren rosa Nippeln in die Luft ragten, luden geradezu dazu ein, sie zu massieren, und der flache Bauch sowie die ausladenden Hüften vervollkommneten das Bild. Ihr Hintern war so knackig, dass man ein Ei daran hätte aufschlagen können, fand Andreas. Und diese heiße Möse stellte Dinge mit seinem Schwanz an, die so unglaublich waren, dass Andreas sich manchmal fragte, wo Laura das gelernt hatte. So unersättlich hatte er noch kaum eine Frau erlebt, und er bewunderte sie dafür, dass sie den Sex so hemmungslos mit ihm zelebrierte. So wie gerade eben.

***

Laura schien immer für ihn bereit zu sein. Kaum war er wach und sie lag noch schlafend neben ihm, war seine Latte sofort hart. Natürlich schliefen sie beide nackt. Das kleinste Fitzelchen

Stoff wäre störend. Andreas streichelte Laura jedes Mal, bis sie ihn blinzelnd anlächelte und sich verlangend an ihn schmiegte. Entweder war sie schneller als er und schwang sich auf seinen harten Stab, um ihn ordentlich zu reiten, oder er richtete sich auf, zog sie über das Bett auf seinen Schoß und drang keuchend in sie ein, um ihr als Morgengruß den schlaftrunkenen Verstand aus dem hübschen Kopf zu vögeln.

Danach lagen sie atemlos nebeneinander, lächelten sich an und Andreas dachte schon wieder darüber nach, eine zweite Runde mit ihr einzulegen. Laura weckte in ihm die animalischsten Gelüste. So kannte er sich selbst nicht, aber er genoss es. Tagsüber hatte er einen Dauerständer und wollte ständig mit ihr ficken. Die Pausen dazwischen hielt er kaum aus, geschweige denn, von Laura und ihrem geilen Körper getrennt zu sein. Sein Schwanz brauchte sie täglich wie eine notwendige Medizin. Deshalb waren die Arbeitstage, seitdem sie sich vor wenigen Wochen kennengelernt hatten, für ihn nur mühsam zu bewältigen. Wenn er in der Speditionsfirma in seinem Büro saß, konnte er sich kaum auf die Arbeit konzentrieren. Sobald es Feierabend war, packte er seine Sachen zusammen und eilte nach Hause, weil Laura bereits auf ihn wartete.

Nackt. Verführerisch. Wollüstig.

Allein ihr laszives Lächeln törnte ihn an und machte seinen Schwanz hart. Andreas konnte sich inzwischen nicht mehr vorstellen, wie sein Leben vor ihr ausgesehen hatte. »Langweilig«, würde er jetzt jedem antworten, der ihn danach fragte. Okay, er hatte sich bis jetzt nicht über sein Sexleben beklagen können, denn er lernte viele Frauen kennen, die für eine schnelle Nummer zu haben waren. Er sah nicht übel aus, war attraktiv und schlank, hielt sich im Sportstudio fit und wusste, wie man eine Frau zum Schreien brachte. Aber das Sexleben vor Laura erschien ihm wie eine lang zurückliegende Vergangenheit, die man am besten vergaß.

***

Sie hatten sich in einer Bar kennengelernt, in der Andreas mindestens zweimal pro Woche seinen Feierabend einläutete. Dort traf er sich häufig auch mit seinen Freunden Manfred und Henning. Zusammen gossen sie sich ein paar Bier hinter die Binde, gaben mit ihren neuesten Errungenschaften an oder spielten ein paar Runden Skat, bevor jeder von ihnen angenehm besäuselt nach Hause ging. Manfred und Henning sahen die Sache mit den Frauen genauso wie Andreas: Ficken ja, auch gerne öfter und regelmäßig, aber eine feste, dauerhafte Beziehung kam für alle drei nicht infrage.

Laura saß an dem besagten Abend auf einem Barhocker und trank ein Glas Wein. Sie fiel auf, weil sie ein rotes, eng anliegendes Kleid trug, das ihre Kurven betonte. Die Kerle um sie herum ließen sie nicht aus den Augen, stellte Andreas fest. Aber keiner traute sich, diese Sexbombe anzusprechen. Das war seine Gelegenheit, weil Henning und Manfred nicht aufgetaucht waren.

Ihr Lächeln traf ihn wie ein Blitz, die grünen Augen verhießen ungehemmten Sex, und für einen Moment glaubte Andreas, sie sei ein Callgirl. Wie sie ihm später mitteilte, hatte sie tatsächlich früher in Pornofilmen mitgemacht, war jedoch in die Modelbranche eingestiegen und beteiligte sich an mehreren Firmen. Das erklärte ihre Unabhängigkeit. Andreas kam es vor, als sei sie wie ein Schmetterling, der unaufhaltsam von Blüte zu Blüte schwebte und man konnte froh sein, wenn sie länger auf einer verweilte. Sein »Stempel« war jedenfalls mehr als bereit dazu, diesen Schmetterling so lange wie möglich bei sich zu behalten.

***

Vor einer Woche hatte Andreas Laura in den Swingerclub mitgenommen, in den er hin und wieder mal ging. Manfred und Henning waren ausgerechnet an diesem Tag nicht da gewesen, sonst hätten sie sich davon überzeugen können, dass Andreas' Beschreibung von Laura der Wahrheit entsprach. Er hatte ihnen beschrieben, wie klasse sie aussah und wo er sie kennengelernt hatte.

Den anderen Männern im Swingerclub waren die Augen aus dem Kopf gefallen, als sie Laura hereinkommen sahen, denn selbst mit Kleidung bedeckt war ihr Körper eine Augenweide und ließ erahnen, wie es unter dem Stoff aussah. Sie trug ein kurzes, eng anliegendes Oberteil mit Ärmeln, das dennoch die Schultern freiließ, dazu eine Leggings, die ihre schlanken Beine betonte sowie ihren knackigen Hintern und die hübsch gerundeten Hüften. Doch was jedem Kerl sofort in die Augen stach, war ihr Vorbau. Laura hatte so pralle, runde, volle Brüste, dass ein Mann sich sehr beherrschen musste, um sie nicht sofort zu betatschen. Sie schien die Aufmerksamkeit sehr zu genießen. Und in den folgenden Stunden im Swingerclub hatten die Kerle sich damit abgewechselt, sie zu besteigen und ihre Möse durchzuficken, sodass Lauras begeisterter Orgasmus-Jubel die Räume erfüllte.

Andreas hatte das nichts ausgemacht, im Gegenteil. Er war megastolz auf seine neue Freundin und die Wirkung, die sie hatte. Es machte ihn wahnsinnig an, dass so ziemlich jeder spitz auf sie war. Ihr beim Vögeln zuzusehen; zu erleben, wie sie von den anderen – und zwischendurch natürlich auch von ihm – nach allen Regeln der Kunst vernascht wurde und trotzdem anscheinend nicht genug bekam, steigerte seine Erregung ins Unermessliche. Sie war ein Glücksfall für ihn, eine Göttin, eine Sexbombe, und er würde sich zum ersten Mal in seinem Leben anstrengen müssen, um so lange und so oft wie möglich mit diesem heißen Weib vögeln zu können. Das war ihm bewusst, aber er machte sich keine Sorgen darum, dass es eine »Nach-Laura-vögeln-Zeit« geben könnte. Dafür gab es keine Anzeichen.

***

Nun lagen sie im Bett, hatten bereits die erste Runde Ficken hinter sich und draußen zwitscherten die Vögel. Es schien ein warmer

Tag zu werden, die Sonne schien durch die leichten Vorhänge vor dem Fenster und erhellte das Schlafzimmer.

»Hast du Lust, heute mit mir an den FKK-Strand zu gehen?«, fragte Andreas, während seine Finger mit ihrem rechten Nippel spielten. Der wurde hart unter der Berührung.

Laura lächelte ihn an.

»Ob ich Lust habe? Immer!«, schnurrte sie und rückte näher zu ihm hinüber. Die Hitze ihres Körpers war atemberaubend, ihre Haut war weich und anschmiegsam, und diese Kurven … Bei Andreas setzte erneut das Gehirn aus. Glücklicherweise war sein Schwanz wieder einsatzfähig. Andreas senkte seine Lippen auf die herrlichen Brüste und leckte sie rundum ab, während seine rechte Hand sich zwischen Lauras schlanke Beine schob und prüfte, wie nass sie war.

Sie war geschwollen und feucht. Entweder schon wieder oder immer noch. *War diese Frau jemals zufriedenzustellen*, überlegte Andreas beglückt und schlüpfte mit zwei Fingern in die enge nasse Muschi. Laura öffnete ihre Schenkel weiter und reckte ihm ihre Brüste entgegen. Dabei keuchte sie.

»Bitte, mach es mir noch mal!«, flehte sie ihn an und quietschte begeistert auf, als Andreas konsequent über ihre harte Kirsche rieb, während er die harten Nippel abwechselnd zwischen seine Lippen saugte.

»Wie könnte ich deine Bitte abschlagen?«, murmelte er. Seine Zunge umspielte die Brustknospen, seine Hand strich rhythmisch über die nassen, anschwellenden Schamlippen und sein Schwanz pulsierte. Laura ließ ihr Becken im Takt seiner Finger kreisen, sie stöhnte und wölbte sich ihm wollüstig entgegen.

Als Andreas es nicht mehr aushielt, löste er sich kurz von ihr, richtete sich auf und drehte sie schnell auf den Bauch. Dann schob er sich zwischen ihre geöffneten Beine, hob ihren entzückenden Hintern an und drang schnell in die saftige Möse ein. Sie umschloss seinen Schwanz mit einem genüsslichen Schmatzen.

Laura stöhnte und ging auf alle viere, um ihm entgegenzukommen. Seine Hand klatschte flach auf ihren Po, sie japste begeistert auf und schob sich auf seinem harten Stab vor und zurück. *Was für ein geiler Hintern*, dachte Andreas, während seine Hände die Hüften festhielten und ihre Bewegungen dirigierte. Sie fanden einen gemeinsamen Rhythmus, der innerhalb weniger Sekunden schneller wurde und durch das Geräusch ihrer Leiber, die mit jedem Stoß aufeinandertrafen, getaktet war. Andreas schaffte es, aufgrund der häufigen »Übungen«, sich so lange zu beherrschen, bis Laura mit einem Stöhnen ihren Orgasmus ankündigte und ihre Muschi seinen Schwanz intensiv molk. Ihr ganzer Körper zitterte.

Erst, als sie fertig war, füllte er sie mit seinem Saft.

Ein Fick am Morgen vertreibt Kummer und Sorgen, dachte Andreas lüstern. Wobei er seit Beginn dieser sexreichen Zeit weder Kummer noch Sorgen mehr kannte.

***

»Natürlich gehe ich mit zum FKK-Strand. Ich will doch endlich deine Freunde kennenlernen!«, beantwortete Laura seine Frage, als sie endlich geduscht und sich angezogen hatten. Es war Wochenende, das Wetter herrlich warm und sonnig, mit einem leichten kühlenden Wind. Außer dem Swingerclub war der FKK-Bereich bisher eine weitere Möglichkeit für Andreas gewesen, sich sowohl sexuellen Appetit zu holen als auch, wenn möglich, Frauen abzuschleppen, sobald sich die Gelegenheit dazu geboten hatte. Natürlich befolgte er sämtliche Regeln der FKK-Gemeinschaft und starrte die Frauen weder ungebührlich an, noch machte er Fotos von ihnen oder unangemessene Bemerkungen. Generell hielt er Abstand, denn so war es üblich, doch hin und wieder sprach er ein weibliches schönes Geschöpf an. Wenn eine Frau ihm sehr gefiel, so verhielt er sich derart höflich und respektvoll, dass die betreffende Dame nur zu gewillt war, sich von ihm am

Abend zu einem Drink einladen zu lassen und sich näher kennenzulernen. Sehr viel näher.

Henning und Manfred traf er öfter an diesem Strand an. Sie lungerten dort häufig herum und beobachteten verstohlen die hübschen nackten Mädels, während sie an der Strandbar hockten und Cocktails genossen. Andreas rechnete damit, die beiden auch heute an der Bar anzutreffen.

Als Laura ihm daher zusagte, zum FKK-Strand mitzukommen, musterte er sie verstohlen lächelnd. Sie würde bei den Männern einschlagen wie eine Bombe. Er war sehr gespannt darauf, wie seine Freunde auf sie reagieren würden.

***

Zwei Stunden später waren sie am Strand und entkleideten sich, während das Meer glitzernde Wellen über den Sand schickte und eine leichte, angenehme Brise wehte. Um Andreas und Laura her lagen oder saßen in gebührender Entfernung weitere Nudisten auf dem Gras und aalten sich in der Sonne. Die wenigsten von ihnen kümmerten sich um die beiden Neuankömmlinge, nur zwei Frauen starrten zu Laura hinüber und unterhielten sich tuschelnd. *Eigentlich war das ein absolutes No-Go*, dachte Andreas, als er seine Kleidung zusammenfaltete und auf die Tasche legte. Man tuschelte nicht über andere Leute, die sich soeben nackt auszogen. Aber er konnte es ihnen nicht verdenken. Laura war eine Augenweide, selbst für Frauen, und vielleicht waren die beiden lesbisch und würden es am liebsten mal mit seiner Freundin treiben?

Etwa 300 Meter von ihnen entfernt befand sich eine kleine runde Hütte mit einem Strohdach, darunter saßen ein paar Menschen auf Barhockern und schlürften an der Theke ihre Getränke, während sie sich miteinander unterhielten. Weitere 200 Meter dahinter hörte der offizielle FKK-Strand auf. Dort begann ein Küstenabschnitt mit Büschen und Felsen sowie mit ein paar kleinen Buchten, die hin und wieder von Liebespaaren genutzt wurden, denn am FKK-Strand selbst war es sehr verpönt, sich gegenseitig zu viel sexuelle Aufmerksamkeiten zu schenken. Offensichtliche Erotik war tabu.

»Komm, nimm dir ein Handtuch mit, dann gehen wir zur Bar«, sagte Andreas. Von Weitem hatte er zwei männliche Gestalten entdeckt, die ihm bekannt vorkamen. Laura nickte und band sich ihre langen, lockigen Haare zusammen, griff in ihre Tasche und zog ein Handtuch heraus, das sie locker in der Hand trug. Sie setzten sich in Bewegung, Andreas lief hinter Laura und bewunderte zum x-ten Male ihren leichtfüßigen, sexy Gang, bei dem ihre Hüften schwangen. *Ihr Hintern war perfekt*, dachte Andreas und legte einen Arm um ihre Taille, während sie gemeinsam auf die Strandbar zugingen, die mitten auf der Wiese stand. Erst weiter unten, in Richtung des Wassers, ging das Gras in Sand über.

Wie Andreas es sich gedacht hatte, saßen Manfred und Henning bereits jeder auf einem Barhocker, unter ihren Hintern hatten sie saubere Handtücher auf den Hockern platziert und in den Händen hielt jeder einen Cocktail.

»Hey Leute, darf ich vorstellen? Das ist Laura!«, sagte Andreas, als sie neben ihnen standen. Henning und Manfred wandten die Köpfe und bekamen große Augen. Manfred richtete sich unwillkürlich auf und zog den Bauch ein, Henning klappte der Kiefer nach unten. Nach einem langen Moment, in dem Laura die beiden Männer anstrahlte und diese ihre Überraschung und aufkommende Lüsternheit kaum verbergen konnten, grinste Henning.

»Na, aber hallo! Schön, dich kennenzulernen! Ich bin Henning, und das ist Manfred!«

»Freut mich auch, ihr beiden. Ich habe schon viel über euch gehört!«

Manfreds Blick huschte kurz zu Andreas rüber, bevor er wie magnetisch angezogen zu Laura zurückkehrte. »Hoffentlich nur

Gutes?«, fragte er misstrauisch und hatte alle Mühe, seine Augen auf Lauras Gesicht geheftet zu lassen. Sie lachte.

»Nur Gutes, versprochen!«

»Okay«, sagte Manfred gedehnt. Sein Blick rutschte runter zu Lauras Brüsten, und ein gewisser lüsterner Glanz trat in seine Augen. Henning dagegen hatte Laura schon die ganze Zeit über ungeniert angestarrt. Andreas schmunzelte in sich hinein. Er kannte seine Freunde inzwischen so gut, dass er genau wusste, was diese dachten:

1. Wie kommt Andreas an so eine Frau?
2. Wo sie herkommt, gibt es dort noch mehr von ihr?
3. Wenn nicht: Dürfen wir Laura auch vögeln?

Die erste Frage hatte er ihnen bereits per Chat beantwortet, die zweite jedoch noch nicht.

Was die letzte Frage betraf, die unausgesprochen in der Luft hing, so hatte Andreas kein Problem damit, Laura mit seinen Freunden zu teilen. Schließlich waren sie und er bereits gemeinsam im Swingerclub gewesen, in dem alle möglichen Kerle seine neue Freundin gevögelt hatten. Doch die Beantwortung würde er natürlich Laura überlassen, denn er hatte kein Recht, über sie zu bestimmen.

Verstohlen beobachtete er von der Seite, wie Manfred sich alle Mühe gab, seinen Ständer irgendwie zu verbergen. Da Henning neben ihm saß und von Manfred halb verborgen wurde, konnte Andreas nicht sofort erkennen, ob es ihm ähnlich erging. Aber er war sich sicher, dass Henning mittlerweile sabberte vor Geilheit, so unverhohlen, wie er Laura von oben bis unten musterte. Und seinen harten Schwanz konnte Andreas ebenfalls erahnen. Ob Laura es ebenfalls merkte?

»Was willst du trinken?«, fragte Andreas sie.

Sie zuckte mit den Schultern und lächelte.

»Ach, im Moment habe ich keinen Durst«, sagte sie und trat

einen Schritt näher an Manfred heran. Sie musste seinen Steifen entdeckt haben, überlegte Andreas. »Ich glaube eher, ich muss mich hier um etwas kümmern, das keinen Aufschub duldet«, raunte Laura nun leise und strich sanft mit den Fingerspitzen über Manfreds Oberschenkel. Er gab einen japsenden, halb erschreckten Laut von sich. Dann nickte er, und ein beglücktes Lächeln breitete sich auf seinem Gesicht aus.

»Du gefällst mir. Wenn du das Gleiche meinst, was ich meine, dann sehe ich das genauso«, sagte er und sah Laura hoffnungsvoll an. Sie blickte über ihn hinweg zu Henning hinüber, der sich beeilte zuzustimmen.

»Oh, ich genauso! Ich bin dabei, wobei auch immer!«

Tja, aber wo, überlegte Laura und sah sich suchend um.

***

Andreas war fasziniert. Laura hatte innerhalb von wenigen Sekunden seine Freunde durchschaut und sofort gemerkt, dass sie geil auf sie waren. Sie hätte jetzt mehrere Möglichkeiten gehabt: Ignorieren, sich darüber lustig machen oder sich aufregen. Doch anstatt sich daran zu stoßen und rumzuzicken wie manch andere Frau, hatte sie die vierte Möglichkeit gewählt. Sie war bereit, den beiden Männern »Abhilfe in ihrer Not« zu verschaffen, sprich, mit ihnen zu vögeln. Das hatte Andreas nicht erwartet, obwohl er wusste, dass Laura nymphomanisch veranlagt war. Doch was er am meisten bewunderte, war die Tatsache, dass Laura mit dieser Aktion das weitere Geschehen beeinflusste, es sozusagen dominierte und die Bedingungen festlegen konnte.

Andreas schüttelte den Kopf. Diese Situation war so geil, dass es wiederum fast unwirklich war.

Laura ignorierte die anderen Besucher der Strandbar und entdeckte die Büsche und Felsen am Ende des Areals.

»Was ist dort hinten?«, fragte sie Andreas.

»Dort hört der FKK-Strand auf. Hinter dem Gebüsch gibt es ein paar versteckte Buchten, sehr lauschige Plätzchen«, erklärte er, als er ahnte, worauf sie hinauswollte.

»Dann kommt.« Laura ging entschlossen auf die Felsen zu und sah sich nicht einmal um. Henning und Manfred starrten ihr hinterher.

»Träume ich das jetzt?«, sagte Henning mit großen Augen. »Hat sie uns zu einem Stelldichein eingeladen?«

»Das hat sie«, Andreas lächelte und nickte.

»Junge, dieses Weib ist eine Bombe!«, rief Manfred aus und rutschte von dem Barhocker runter, legte einen Schein auf den Tresen, um die beiden Getränke zu bezahlen, und schnappte sich sein Handtuch, um Laura zu folgen.

»O ja, das ist sie«, schmunzelte Andreas leise, als er und Henning hinter ihm her gingen. Laura war etwas Besonderes, nicht nur wegen ihres Aussehens, sondern auch wegen ihres sexuellen Appetits. Er beobachtete, wie sie rechts an den Büschen und Felsen vorbeiging und durch das flache Wasser watete. Kurz darauf war sie hinter den Felsen verschwunden.

Die Männer folgten ihr wie gierige Bluthunde. Als sie die Felsen umrundet hatten, fanden sie Laura lasziv lächelnd in einer der Buchten, in denen noch ein wenig spärliches Gras wuchs, ansonsten war hier nur trockener Sand. Sie posierte verführerisch, mit einer Hand in die Hüfte gestützt, an dem Felsen, der die Bucht vor fremden Blicken schützte. Henning und Manfred liefen auf sie zu; beide trugen ihre Ständer hocherhoben vor sich her und konnten es kaum erwarten, die nackte Frau zu erreichen. Andreas ging langsamer und amüsierte sich über seine Freunde, die jetzt an nichts anderes mehr denken konnten als daran, Laura zu vögeln. Er würde ihnen den Vortritt überlassen und beobachten. Das war geil.

***

»Du bist süß, Henning«, sagte Laura mit einem Lächeln, als sie auf den Betreffenden zutrat. Sie wiegte ihre Hüften, legte ihre Arme um Hennings Nacken und schmiegte ihre vollen Brüste an seine Haut. Er umarmte sie, presste sie an sich und küsste ihre Lippen, die sie ihm darbot. Laura hob ein Bein und schlang es um seine Hüften, dabei geriet sein Schwanz zwischen ihre Schenkel und wurde noch härter, weil er genau an der richtigen Stelle gelandet war. Denn Laura nutzte die Chance und rieb ihre Möse an seiner Eichel und dem langen Schaft. Henning schien kaum glauben zu können, wie einfach es war. Da tauchte eine scharfe Braut am Strand auf, die die neue Freundin seines Kumpels war, und schwupps waren sie hier in der Bucht und sie rieb sich an ihm. Was für ein Traum! Er machte eine Bewegung mit seiner Hüfte und schob seine Eichel zwischen ihre feuchten Schamlippen.

Laura keuchte begeistert auf und klammerte sich an Henning fest.

***

Andreas und Manfred standen da und beobachteten, wie Henning seine Hände auf den knackigen, wundervollen Hintern von Laura legte, sie festhielt und langsam und stöhnend in sie fickte. Er lehnte Laura gegen den Felsen hinter ihr, damit sie ausreichend Halt hatte. Andreas rieb sich den wachsenden Schwanz, weil der Anblick des vögelnden Paares ihn anmachte, so wie im Swingerclub auch. Manfred hielt seine Latte fest gepackt und stierte mit hervorquellenden, lüsternen Augen auf Laura. Er schien es kaum erwarten zu können, endlich dran zu sein.

Hennings Hüftbewegungen wurden schneller. Er war so erregt, dass er nur noch ein Ziel kannte: So schnell wie möglich abzuspritzen. Laura stöhnte lauter, als er leicht in die Knie ging und sein Stab ihre Möse von unten vögelte, bis die Sahne sie heiß füllte und Henning sich stöhnend tief in sie presste.

Sobald er sich aus ihr zurückzog, stand Manfred hinter ihm.

Andreas spürte, wie seine Eier anschwollen. Genüsslich strich er darüber, zog leicht an ihnen, dann bearbeitete seine Faust den harten Schaft und rieb ihn, bis er leicht zitterte und kurz vor dem Platzen war. Erst dann ließ er sich los, konzentrierte sich auf Laura und Manfred und sah ihnen zu.

Laura war in die Hocke gegangen. Manfreds Latte verschwand in ihrem Mund, die Lippen umschlossen die Eichel und saugten an ihr. Dabei blickte die Frau Manfred devot von unten an, was er mit einem geilen Knurren quittierte. Sein Becken bewegte sich vor und zurück, sein Schwanz vögelte in Lauras Mund und kam nass wieder zum Vorschein. Laura schien genau zu merken, wie seine Säfte stiegen, denn irgendwann ließ sie ihn los und richtete sich auf. Sie lächelte Manfred lasziv an, bevor sie sich mit dem Rücken zu ihm hinstellte, sich vorbeugte und ihm ihren Hintern anbot.

Manfred atmete schwer. Seine Hände strichen über den schlanken Rücken, bevor sie die Hüften packten und sie zu sich herzogen. Laura beugte sich noch weiter vor, Manfred presste ihre Pobacken auseinander und befingerte ihre geschwollene Möse.

Andreas konnte das begeisterte Keuchen seiner Freundin hören. Er war so scharf auf sie, dass er kurz überlegte, seinen Kumpel einfach beiseite zu schubsen und in Lauras nasse Grotte einzutauchen. Aus dem Augenwinkel beobachtete er Henning, der mit einem lüsternen Grinsen im Gesicht dastand und dem Paar zusah.

Manfred setzte seine Spitze an und schob sie mit einem kurzen Ruck in die geschwollene Muschi. Er packte erneut die geschwungenen Hüften der Frau vor ihm, zog sie fester auf sich und war mit einem Schwung in ihr. Verzückt schloss er die Augen.

Laura stemmte sich mit beiden Händen von der Felswand ab. Sie keuchte und stöhnte, ließ ihr Becken kreisen und genoss offensichtlich in vollen Zügen, dass Manfred sie hart rannahm. Seine Stöße wurden von lautem Knurren begleitet, seine Hüften bewegten sich in einer Geschwindigkeit, bei der es selbst Andreas schwindelig wurde, und die begeisterten spitzen Schreie von Laura trugen dazu bei, dass sowohl er als auch Henning neben ihm erneut ihre Schwänze bearbeiteten.

»Was für ein Weib«, flüsterte sein Kumpel neben ihm. »Sie ist der Hammer!«

Andreas warf einen Blick auf ihn. Henning stand mit glänzenden Augen da, sein Speer war bereits wieder scharf und wartete auf seinen nächsten Einsatz.

Manfred vögelte Laura nach allen Regeln der Kunst. Sein lautes Keuchen bei jedem Stoß quittierte sie mit einem begeisterten Jubelschrei. Da die Laute sich steigerten, ging Andreas davon aus, dass beide demnächst zum Ende kamen, daher ging er auf sie zu. Doch es dauerte noch, denn Manfred hörte nicht auf, Laura zu stoßen, obwohl er nach Andreas' Einschätzung längst hätte kommen müssen.

Es dauerte ihm zu lange. Sein Schwanz war kurz vor dem Platzen.

Dann hatte er eine Idee. Er wusste, wie er Manfred zum Abspritzen bringen konnte. Er stellte sich neben seinen Freund und umfasste ihn an der Wurzel, bildete mit Daumen und Zeigefinger einen Ring und drückte zu. Die Spannung und zusätzliche Härte, die dadurch entstand, würde Manfred den Rest geben.

Laura kam mit einem entzückten Kreischen. Ihr schöner Körper bebte und begann zu zittern; Manfreds Stab musste von ihrer Möse heftig zusammengepresst werden, denn ihm fielen fast die Augen aus dem Kopf. Vielleicht lag es auch an dem Cockring um seinen Schaft, den Andreas mit seinen Fingern bildete – jedenfalls stöhnte Manfred geil, hörte auf, in die nasse Möse zu stoßen und verdrehte die Augen, als er kam. Beide, Laura und er, atmeten keuchend, während der Orgasmus durch sie hindurchrauschte.

»Ich bin dran«, knurrte Andreas nicht unfreundlich, aber Manfred schien ihn erst jetzt wahrzunehmen. Beinahe erschreckt zog er seine feuchte Latte aus Lauras Grotte und trat einen Schritt zurück. Sofort schob Andreas seinen zitternden Schwanz in sie, lauschte dem bebenden Stöhnen seiner Freundin und wusste, dass Laura diesen Fick genießen würde – denn trotz ihres vorherigen Höhepunktes war sie unersättlich, wie sich erst letztens im Swingerclub gezeigt hatte.

Andreas wollte so lange wie möglich durchhalten, denn er legte Wert auf eine langsame Steigerung. Dadurch war der Orgasmus viel geiler, als wenn er so schnell wie möglich fickte und innerhalb weniger Sekunden abspritzte. Also atmete er tief durch und streichelte sanft Lauras Rücken, dann legte er einen Arm um ihre Taille und tastete mit den Fingerspitzen von vorn nach ihrer Klit. Seiner Erfahrung nach lohnte es sich, Laura wieder ein bisschen anzuheizen, bevor er mit dem Vögeln begann.

***

Sie ließ stöhnend ihre Hüften rotieren. Eine Bewegung, die Andreas mit einem harten Stoß quittierte. Wieder eine Hüftbewegung, und Andreas spürte, dass seine Latte kurz vor dem Platzen war. Seine Fingerspitze hatte ihre Kirsche gefunden und rieb intensiv darüber. Er wusste, dass sie das liebte, denn sie keuchte immer lauter. Wenn er jetzt tief in sie stieß, würde sie seine Bewegungen mit ihrer geilen, gierigen Möse beantworten. Sie war wahnsinnig nass, ob vor Geilheit oder wegen der Säfte, die sie zuvor gefüllt hatten. Das war Andreas völlig egal. In diesem Moment war ihm nur eines wichtig: Laura zu ficken.

Er packte ihre Hüften und hielt sie fest. Seine Finger gruben sich in ihre zarte Haut und hinterließen Abdrücke auf ihr, doch nur so war es möglich, dieses Vollweib durchzuvögeln. Sein Schwanz begann, in sie hineinzuhämmern. Laura stieß begeisterte Laute aus, stemmte sich von dem Felsen ab und wimmerte. *Wie geil sie war*, ging es ihm durch den Kopf, während er genau spürte, dass sein Höhepunkt sich in ihm aufblähte wie ein Ballon. Bald würde er platzen, würde den heißen Rausch spüren und heftig in der engen Möse kommen.

Als es so weit war, kam Laura erneut zum Orgasmus und schrie ihre Lust hinaus, während Andreas heftig in sie stieß und knurrend abspritzte. Die Reibung ihrer zuckenden Muschi war so intensiv, dass er danach das Gefühl hatte, dass kein einziger Tropfen mehr in ihm war. Atemlos glitt er aus ihr.

Sie drehte sich nach einem Moment der Sammlung zu ihm und seinen Kumpels um.

»Wer von euch hat Lust auf eine zweite Runde?«, fragte sie mit einem verführerischen Lächeln.

Manfred war entzückt. Denn sein Schwengel hatte sich mittlerweile erholt, genauso wie der von Henning. Sie standen da und dachten ganz offensichtlich darüber nach, wie sie diese Frau noch einmal vögeln konnten. Dass Laura ihnen nun dieses Angebot machte, kam ihnen sehr entgegen.

»Ich sehe, ihr seid schon bereit«, sagte Laura und grinste. Dann ging sie zu dem kleinen Flecken Gras, der am hinteren Ende der schmalen Bucht wuchs, und breitete ihr Handtuch darauf aus. Sie ging in die Knie und legte sich auf den Rücken, wobei sie einladend ihre Beine spreizte. »Ich bin es auch. Und diesmal hätte ich gerne mehr Einsatz, die Herren!«

Andreas wusste genau, was das bedeutete. Ein lüsternes Lächeln breitete sich auf seinem Gesicht aus. Diese Szene kannte er aus dem Swingerclub. Drei Männer waren um seine Freundin rumscharwenzelt und hatten sich dabei abgewechselt, sie zu lecken, ihren Mund zu ficken und von ihr gewichst zu werden. Derjenige, der sie am besten geleckt hatte, durfte sie zum Schluss noch vögeln.

Er erklärte Manfred und Henning diese »Spielregeln«.

Sie waren beeindruckt und begeistert zugleich.

»Geiles Spiel«, meinte Henning und ging auf Laura zu. »Darf ich anfangen?«

»Bitte, bediene dich«, meinte sie großzügig und sah ihm dabei zu, wie er sich zwischen ihre Schenkel kniete, seinen Kopf vorstreckte und den Mund öffnete. Andreas kniete sich links von ihr hin, Manfred rechts neben ihren Kopf. Laura entschied, Manfred zu lecken und Andreas zu wichsen. Als Henning sie zu lecken begann, trat ein erregter Glanz in ihre Augen.

»Du machst das richtig gut«, sagte sie heiser, dann öffnete sie ihre Lippen und nahm Manfreds Latte in ihrem Mund auf. Sie saugte langsam an seiner Spitze, bevor sie eine Hand hob und seine Eier kraulte. Mit der anderen Hand wichste sie Andreas' Schwanz, der durch die Berührung sehr schnell wieder hart wurde.

Zwischen ihren Beinen bewegte sich Hennings Kopf auf und ab. Er leckte und saugte genüsslich an Lauras nasser Möse, und das Schmatzen sowie die dumpfen Laute, die aus ihrem Mund drangen, zeigten ihre wachsende Erregung.

Manfred fickte ihren Mund, als gäbe es kein nächstes Mal mehr. Sein Keuchen und die hervorquellenden Augen sowie das erregte, gerötete Gesicht ließen Andreas ahnen, dass sein Kumpel sein Glück kaum fassen konnte. Immer wieder stieß er zu, zog seinen Stab raus und tauchte erneut ein, während Laura bei jedem Eindringen fest an ihm saugte. Ihre Hand, die Andreas fest gepackt hielt, war heiß. Sie wichste ihn intensiv, zerrte lustvoll an seinen Hoden, hielt ihn zeitweise einfach nur fest und drückte zu, sodass er in ihre Handfläche hineinschwoll und irgendwann kaum noch wusste, wo ihm der Kopf stand. Laura hob und senkte ihr Becken, um Hennings Zunge dazu zu animieren, tiefer in sie zu stoßen.

Manfred keuchte auf, zog sich aus Lauras Mund zurück und spritzte seinen Saft stöhnend über ihre geschwollenen Brüste. Als Henning das mitbekam, hörte er auf zu lecken, kroch flink neben ihn und steckte Laura seinen Ständer in ihren Mund.

»Du bist dran mit Lecken«, ermahnte Andreas ihn schwer

atmend. Laura wichste ihn, dass ihm Hören und Sehen verging. Manfred nahm Hennings vorigen Platz ein und leckte die saftige Möse, bis Laura voller Wonne wimmerte. Sie musste wahnsinnig nass sein, überlegte Andreas, und Manfred mit der Zunge sehr geschickt, denn Laura zuckte und bebte vor Geilheit, während sie Hennings Latte einsaugte.

Sie kam, als Manfred von ihrer Muschi trank und sich dabei an ihr festsaugte. Ihr Kreischen musste auch auf dem FKK-Strand zu hören sein, aber entweder war dort keiner mehr in der Nähe oder die Leute waren solche Laute gewöhnt. Die Hand, die Andreas harten Stab festhielt, packte so fest zu, dass er zum Höhepunkt kam. Sein Saft gesellte sich zu der Creme, die Henning bereits auf Lauras Brüsten verteilt hatte.

Manfred leckte noch kurz über Lauras Spalte, dann erhob er sich und wollte Andreas' Platz einnehmen. Sie tauschten, Andreas begab sich zwischen Lauras Schenkel und ließ seine Zunge über ihre Kirsche flattern. Er war gespannt, wer von ihnen dreien letzten Endes in Lauras Möse durfte.

***

»Manfred hat recht«, sagte Andreas und lächelte Laura zärtlich an. Mittlerweile waren sie nach Hause zurückgekehrt, hatten sich unter der Dusche langsam und ausgiebig gevögelt und saßen mit feuchten Haaren auf dem Sofa, dicht nebeneinander.

Manfred war derjenige gewesen, der Laura ganz zum Schluss hatte ficken dürfen. Andreas und Henning hatten den beiden dabei zugesehen, wobei diesmal die unersättliche Frau sich auf Manfreds Schwengel gesetzt und ihn geschickt geritten hatte. So geschickt, dass Manfred ihr bei der Verabschiedung zugeraunt hatte, wenn sie mal genug von Andreas hätte, dann stünde er sehr gerne zu ihrer Verfügung. Laura hatte nur gelacht und ihrem Freund später erzählt, dass Manfred zwar echt süß wäre, sie aber ihn, Andreas, liebe. Das hatte ihn sehr beruhigt.

Sie kuschelte sich in seinen Arm und schmunzelte.

»Womit hat er recht?«

»Mit dem, was er über dich sagte.«

Sie richtete sich auf und sah ihn an. Ihre Augen lachten.

»Ach ja? Und was sagte er über mich?«

»Dass du eine absolute Bombe bist!«

Der nackte Vorgesetzte

Endlich Feierabend!

Ich warf einen sehnsüchtigen Blick aus dem Fenster. Den ganzen Tag über hatte die Sonne geschienen und das Wetter war seit Tagen ideal, um zum Strand zu gehen, vorzugsweise an den FKK-Strand. Ich sehnte mich danach, die warmen Strahlen auf meiner Haut zu spüren, mit einer sanften Brise in meinem Haar und komplett nackt. Aber heute war ein Wochentag und wie so viele andere meiner Kolleginnen und Kollegen musste ich in dem dampfigen Büro des Ministeriums sitzen und arbeiten. In dem Großraumbüro war die Luft stickig, obwohl jemand die Fenster aufgerissen hatte in der Hoffnung, dass die Temperatur drinnen kühler würde. Was fraglich war, denn ich vermutete insgeheim, dass die Hitze von draußen uns hier drinnen vertrocknen ließ.

Aber es gab einen Lichtblick: In wenigen Minuten durfte ich alles stehen und liegen lassen, weil der Feierabend nahte.

»Martina?«

Die Stimme riss mich aus meinen verträumten Gedanken. Ich sah auf und drehte mich auf dem Stuhl zu meiner Kollegin um.

»Ja?«

Sie wollte eine Auskunft, weil sie mit dieser neuen Verordnung nicht weiterkam. Hier im Büro schien jeder zu glauben, ich sei ein wandelndes Lexikon. Ich musste aufpassen, dass ich nicht aus Versehen deren Arbeit erledigte, denn das war mir erst letzte Woche passiert. Ein Kollege hatte mich gebeten, mir etwas durchzulesen und ihm doch bitte zu erklären, was das bedeuten sollte. Da ich generell ein hilfsbereiter und gewissenhafter Mensch war, hatte ich ihm geholfen. Ich hatte ihm sogar Lösungsmöglichkeiten angeboten und er hatte sich Notizen gemacht. Während einer Besprechung zwei Tage später hatte er meine Arbeit unserem Sachgebietsleiter vorgestellt und dabei nicht erwähnt, dass ich diejenige gewesen war, die den Hauptteil seines Jobs gemacht hatte. Sondern er hatte es so dargestellt, als sei das alles auf seinem Mist gewachsen.

Schmarotzer konnte ich noch nie leiden. Als dieser Kollege gestern wieder auf mich zuging und etwas von mir wissen wollte, erklärte ich ihm, dass er mir einen Teil seines Gehaltes schuldig sei, wenn ich schon seine Arbeit machte. Ansonsten möge er sich verpissen. Davon war er zwar nicht gerade erbaut und fand mein Verhalten äußerst unkollegial, aber ich ließ ihn einfach stehen.

Alles, was Recht ist.

***

Die Zeiger der riesigen Uhr in dem Großraumbüro rückten weiter. Jetzt war es so weit: Feierabend! Aber meine Kollegin hinter mir hielt mich davon ab, meine Handtasche zu schnappen und zu verschwinden. Wenigstens war sie nicht so karrieregeil wie besagter Kollege, deshalb gab ich ihr ein paar Stichpunkte zu ihrer Frage, die ihr weiterhalfen. Schließlich arbeiteten wir zusammen und halfen uns gegenseitig, es war ein Geben und Nehmen. Dann endlich verabschiedete ich mich.

»Oh, schon so spät?«, rief die Kollegin erstaunt aus. Zu übertrieben, für meinen Geschmack – als ob sie nicht wie wir anderen die Minuten gezählt hätte. Ihr Verhalten nährte meinen Verdacht, dass sie Bonuspunkte sammeln wollte – aber für wen?

Als ich kurz darauf unseren Sachgebietsleiter in dem Büro auftauchen und ein erfreutes Lächeln über das Gesicht meiner Kollegin gleiten sah, hatte ich meine Antwort.

»Tschüss, bis morgen!«, sagte ich grinsend, warf noch einen letzten prüfenden Blick über meinen aufgeräumten Schreibtisch und eilte auf die Tür zu. *Bloß raus hier*, dachte ich. Raus in die Sonne! Ein Glücksgefühl durchströmte mich, als ich auf die Straße hinaustrat.

Eine halbe Stunde später kaufte ich in einem Minimarkt ein Sandwich und eine Flasche Wasser. Es war eine große Flasche, denn die Hitze des Tages hatte sich noch nicht verflüchtigt. Ich befand mich in der Nähe des FKK-Strandes und hatte darauf verzichtet, erst nach Hause zu fahren und meine Kleidung zu wechseln. Wozu auch? Am Nacktbadestrand brauchte ich nichts als ein Handtuch, und das lag stets in meinem Wagen bereit, für alle Fälle. Am FKK-Strand waren wir alle gleich, der eine mehr (durch irgendein Accessoire, das er bewusst vergessen hatte auszuziehen und das seinen Status in der Gesellschaft anzeigte), der andere weniger – aber zumindest Kleidung war dort keine Möglichkeit mehr, um herauszufinden, wie viel ein Mensch verdiente oder in welchen Kreisen er sich bewegte.

Ich biss herzhaft in mein Geflügel-Sandwich, das mein Abendessen war, und schlenderte an dem meterhohen Sichtschutzzaun entlang in Richtung des Einganges zu dem Areal des FKK-Strandes. Bis ich dort war, leckte ich mir bereits die Finger ab. Das Zellophanpapier warf ich in einen Mülleimer, dann ging ich, mit Wasserflasche, Badetasche und einem Handtuch bewaffnet, durch das Tor.

***

Der Strand befand sich nur wenige Kilometer außerhalb der Stadt an einem ehemaligen Baggersee. Findige Leute hatten die Idee gehabt, das verlassene Gebiet einzuzäunen und einen Badestrand daraus zu machen. Würde ich vom Tor aus nach links gehen, dann träfe ich vermutlich auf die ersten Familien mit Kindern, die im flachen Wasser planschten und in diesem Areal die Einzigen waren, die keine Badehose trugen, im Gegensatz zu ihren Eltern oder sonstigen Badenden. Denn auf dieser Seite des Sees befand sich der Textilbereich.

Mich aber zog es auf die rechte Seite. Denn ich liebte es, völlig nackt zu sein. Es fühlte sich wahnsinnig befreiend und entspannend an, vor allem nach so einem Tag im Büro. Daher steuerte ich auf die flache, lang gestreckte Hütte in der Mitte zwischen den beiden Arealen zu, die so etwas wie eine Grenze zwischen den beiden Stränden bildete. In dieser Hütte konnte man sich umziehen – entweder man schlüpfte aus der Alltagskleidung direkt in seine Badesachen und wählte den linken Ausgang zum Textilstrand, oder Männlein und Weiblein zogen ihr Adams- beziehungsweise Evakostüm an und gingen auf der rechten Seite der Hütte wieder raus, weil sie es kaum erwarten konnten, bei der FKK-Gemeinde anzukommen. Denn dies hier war wie eine große Gemeinde, in der sich die ein oder anderen kannten und sich einig darin waren, dass es nichts Schöneres gab, als splitterfasernackt zu sein und dies auch öffentlich zu zelebrieren. Jegliche Art von Kleidung war hier verpönt und konnte tatsächlich dazu führen, dass jemand sich beschwerte und man des Areales verwiesen wurde. So wie diejenigen, die sich in ihrer nackten Pracht im Textilbereich präsentierten, ebenfalls davongejagt wurden.

***

Ich ließ in der Umkleidekabine sämtliche Hüllen fallen und genoss es unendlich, aus dem engen, unbequemen und biederen Businesskostüm rauszukommen. Allein meine Füße schienen erleichtert aufzuatmen, als sie aus den Schuhen schlüpften. Ich stopfte alle Klamotten in die mitgebrachte Tasche und öffnete die Tür der Umkleide, die nach rechts zum FKK-Strand führte. Auf diesen Moment hatte ich den ganzen Tag gewartet. Die Luft war herrlich, ich sog sie genießerisch ein, dann schritt ich über das Gras in Richtung See. Um zu meiner Lieblingsstelle am Wasser zu kommen, musste ich den Weg entlang durch ein kleines Wäldchen gehen. Unter den Bäumen dort sollte es etwas kühler sein als in der prallen Sonne, überlegte ich. Ich mochte den Wechsel zwischen den Temperaturen und fand es spannend, mit allen Sinnen, also auch mit meiner Haut, meine Umgebung zu erspüren.

Außer mir würden sicher noch ein paar späte FKKler am Strand sein, aber weil es Abend war, waren die meisten Leute vermutlich zu Hause, denn seit meiner Ankunft hatte ich lediglich eine Frau mit zwei Kindern gesehen. Allerdings waren sie nach links zum Textilstrand gegangen.

Langsam schlenderte ich zu dem Waldstück. Als ich die ersten Bäume erreichte, tauchte ich geradezu in die Kühle unter den Bäumen ein und freute mich über die Sonnenstrahlen, die hier und da durch das Blätterwerk spielten und helle Flecken auf den Waldboden malten. Ein paar Vögel zwitscherten, ich konnte sogar einen Specht hören, der gegen einen Baumstamm hämmerte. Ansonsten war es angenehm ruhig hier. Ich ließ meinen Gedanken freien Lauf und atmete bewusst tief ein.

***

Meine Arbeit war für mich einerseits ein Job wie jeder andere auch. Generell arbeitete ich gerne in der Behörde, aber hin und wieder nervten mich die Kollegen, das Büro, der Geräuschpegel dort und die vielen Dinge, die ich bearbeiten und recherchieren musste. Natürlich hatte ich diesen Beruf gewählt, weil er mir grundsätzlich Spaß machte und die Bürozeiten meinem Bedürfnis nach geregelten Arbeitszeiten entgegenkamen. Doch wenn es vor den Fenstern Frühling und Sommer wurde, dann wurde ich unruhig und grämte mich, weil ich dort drinnen saß, während alle Welt in meinen Augen die Freiheit dort draußen genoss.

Ein unterdrücktes Stöhnen riss mich aus meinen Gedanken.

Ich blieb abrupt stehen. Was war das? Für einen Augenblick war ich unsicher, ob ich wirklich etwas gehört hatte, und wollte schon weitergehen, da erklang es wieder. Ein tiefes Stöhnen, so als ob jemand Schmerzen hätte.

Adrenalin schoss durch meine Adern. War jemand verletzt, vielleicht sogar überfallen worden? Woher kam dieses Stöhnen? Es musste ganz in meiner Nähe sein, doch als ich mich umsah, konnte ich wegen der dicht stehenden Büsche entlang des Waldweges niemanden sehen. Ich lief ein Stückchen weiter, fast panikartig, weil ich nicht wusste, was ich machen sollte, falls wirklich jemand schwer verletzt auf dem Boden läge und womöglich nicht ansprechbar war. Ich müsste einen Krankenwagen rufen, aber hatte mein Handy hier überhaupt Empfang? Meine Gedanken rasten. Zuerst musste ich herausfinden, woher dieses Stöhnen kam.

Da! Wieder dieses Geräusch, es klang diesmal näher und kam von links. Dort standen die Bäume enger zusammen und dichte Büsche verwehrten mir den Blick.

Ich verließ den Weg und eilte auf das Gebüsch zu. Sollte ich rufen? Dem Opfer zeigen, dass Hilfe nahte? Aber was, wenn derjenige angegriffen worden war und der Täter sich noch in der Nähe befand? Bei diesem Gedanken lief mir ein kalter Schauder über den Rücken. Um nichts in der Welt wollte ich mich selbst in Gefahr begeben. Das würde weder mir nützen noch jemandem, der Hilfe brauchte. Ich musste Ruhe bewahren. Denk nach, ermahnte ich mich, dann beschloss ich, mich erst einmal anzuschleichen und hinter dem nächsten Busch in Deckung zu gehen. Vielleicht konnte ich etwas erkennen, wenn ich die Zweige sehr vorsichtig auseinanderbog. Vielleicht aber war derjenige, der so ausgiebig stöhnte, entgegen meiner Vermutung weiter entfernt als gedacht und ich musste ihn suchen.

***

Der Waldboden war weich und gab keine Geräusche von sich, als ich nackt, nur mit bequemen Slippern an den Füßen, darüber huschte und zu den Büschen schlich. Dort angekommen, versuchte ich, über die letzten Zweige zu gucken, aber das Grün wuchs zu hoch. Also bewegte ich mich nach links, wo das Gebüsch nicht so dicht zu wachsen schien, und bog die Zweige auseinander.

Was ich dann sah, ließ mich nach Luft schnappen.

Dort lag kein blutüberströmter Verletzter auf dem Boden, der überfallen worden war. Denn niemand war überfallen worden oder verletzt. Im ersten Moment durchflutete mich die Erleichterung, dann fiel mein Blick auf eine Bewegung nur wenige Meter von mir entfernt. Beinahe hätte ich die Zweige raschelnd wieder losgelassen, aber der Anblick hielt mich wie gebannt fest.

Vor einem der Bäume stand eine nackte Frau. Soweit ich das als Vertreterin des gleichen Geschlechtes beurteilen konnte, war sie sehr attraktiv. Ihr rotes Haar war zwar locker hochgesteckt, doch einzelne Strähnen fielen über die rundlichen, weißen Schultern. Das Gesicht war oval geschnitten, mit hohen Wangenknochen, dunklen Augen und einem breiten Mund. Sehr apart. Ihre Figur war kurvig wie eine Sanduhr: große Brüste, schmale Taille, breite Hüften, darunter lange weiße Beine. Überhaupt war ihre Haut sehr hell, was eine echte Rothaarige oft auszeichnete. Aber was mich innerlich zum Vibrieren brachte, war der Umstand, dass diese schöne Frau ein Bein um die Hüfte eines Mannes gelegt hatte, der vor ihr stand, mit dem Rücken zu mir. Ich konnte nur seinen knackigen Hintern bewundern und die Vehemenz, mit der er seine Hüften bewegte. Im ersten Augenblick begriff ich nicht, was die beiden dort eigentlich machten, aber dann kapierte ich endlich, woher dieses tiefe Stöhnen kam, das mich hierhergelockt hatte: Die beiden vögelten!

Ich starrte wie gebannt dort hinüber. Die Frau hätte mich vielleicht trotz des Gebüsches entdecken können, wenn sie auf ihre Umgebung geachtet hätte. Aber sie war viel zu sehr damit beschäftigt, sich von diesem Typen an den Baum nageln zu lassen. Dessen Hüften bewegten sich rhythmisch zwischen ihren weißen Schenkeln, und bis auf die Badeschlappen, die sie vermutlich wegen des Waldbodens trugen, waren beide komplett nackt. Keine Kleidung in Sicht, was bedeutete, dass sie so wie ich FKKler waren.

Nun kann ich von mir selbst nicht behaupten, dass ich besonders attraktiv im landläufigen Sinne wäre. So mancher Kerl würde meine Figur als von Rubens inspiriert bezeichnen, wenn er charmant bliebe. Trotzdem hatte ich schon den ein oder anderen kennengelernt, der meine ausgeprägten Kurven und Pölsterchen sehr schätzte, weil er sich nur zu gerne beim Vögeln daran festhielt. Mein Gesicht war jedenfalls hübsch genug, um ein Lächeln auf die Gesichter meiner potenziellen Sexpartner zu zaubern, mein blondes Haar war akkurat zu einem praktischen Bob geschnitten und ich ging regelmäßig zum Friseur. Ich war das, was man als »adrett und sauber« bezeichnete. Mir genügte es, trotzdem war ich in diesem Moment furchtbar neidisch auf die Rothaarige mit ihrer weißen Haut, dem schönen Gesicht und den tollen Kurven, die vermutlich jeden Mann mit einem Ständer ausstattete. Derjenige, der sie gerade fickte, war auf jeden Fall eindeutig scharf darauf, dieser Frau das Stöhnen zu entlocken, das ich schon auf dem Waldweg drüben gehört hatte.

Wie war ich überhaupt darauf gekommen, jemand könnte verletzt sein? Denn jetzt, als ich die beiden sah und das tiefe Stöhnen der Frau hörte, fand ich diese Annahme selbst völlig absurd.

***

Der Mann mit dem knackigen Hintern gab sich alle Mühe, die Rothaarige zufriedenzustellen, das war sogar von meiner Position aus zu sehen. Er knurrte und keuchte, bewegte seine Hüften immer schneller und mit der Zeit glaubte ich, das lüsterne Schmatzen der saftigen Möse hören zu können. Denn eines musste ich neidvoll zugeben: Diese Szene war richtig heiß und machte mich tierisch an. In meinem Unterleib breitete sich eine wohlige Hitze aus, meine eigene Spalte pochte und meine nackten Brüste schwollen an. Außerdem ging mein Atem schneller, wie ich registrierte. Ich konnte gar nicht aufhören, dieses Paar zu beobachten. Die Frau hatte ihre Arme auf die Schultern des Mannes gelegt und hielt sich an seinem Nacken fest. Er beugte den Kopf hinunter zu ihren blassen, vollen Brüsten und knabberte an den rosa Spitzen, die keck aufgerichtet waren und sich noch härter zusammenzogen, sobald er sie mit seinen Lippen berührte. Das konnte ich sehen, obwohl der Mann mir den Rücken zuwandte, aber eben im Halbprofil. Die Frau stand seitlich versetzt zu ihm. Ich konnte jede ihrer Reaktionen sehen, konnte ihr schönes Gesicht bewundern, das einen gierigen, lüsternen Ausdruck angenommen hatte, konnte ihr abgehacktes Keuchen hören, das aus den halb geöffneten Lippen drang und jede ihrer Empfindungen an den Gesichtszügen ablesen. Sie war so scharf auf diesen Fick, dass dieser Kerl mit großer Wahrscheinlichkeit leichtes Spiel damit gehabt hatte, sie zum Mitkommen zu überreden. Vielleicht hatten die beiden sich erst am FKK-Strand kennengelernt? Vielleicht trafen sie sich öfter zum Stelldichein hier an dieser Baumgruppe hinter dem dichten Gebüsch? Vielleicht waren sie bereits langjährige Geliebte? Oder sie kannten nicht einmal den Namen des anderen und waren, von plötzlicher geiler Lust übermannt, hintereinander in diesen Wald gerannt und übereinander hergefallen …

Mir fielen so einige Möglichkeiten ein, wie es zu diesem Fick der beiden gekommen sein könnte. Doch wie es letzten Endes gewesen war, wussten wohl nur sie. Und im Moment war ihnen selbst das verständlicherweise egal, denn beide waren komplett damit beschäftigt, ihre Geilheit zu zelebrieren.

***

Der Mann umarmte die Frau und hielt sie fest, während seine Hüften sich heftig bewegten. Wenn ich mir vorstellte, wie sein Schwanz sich zwischen meinen Schenkeln anfühlen würde, wurde mir ganz heiß. Ich war sowieso generell leicht erregbar. Jetzt das Stöhnen in Verbindung mit dieser Szene zu hören, machte mich unglaublich an. Meine Spalte pochte schmerzhaft verlangend, sie brauchte ebenfalls einen Fick. Ich versuchte, sie zu ignorieren, und sah dem Paar weiter zu, wie gebannt von der Situation. Voyeurismus ist bekanntlich beinahe wie eine Sucht; man kann einfach nicht aufhören, hinzuschauen.

Die Lustlaute steigerten sich, der knackige Männerhintern hörte gar nicht mehr auf, sich zu bewegen, die Frau presste sich fordernd an den muskulösen Körper ihres Fickpartners und warf den Kopf zurück, als die Stöße langsamer und dafür unendlich tiefer kamen. Mir liefen geile Schauer über den Rücken, weil ich nicht fassen konnte, wie exzessiv dieser Typ seinen harten Ständer zum Einsatz brachte. *Wäre der in meiner Muschi*, dachte ich, *ich würde gleich mehrmals allein durch seine Dicke und Härte kommen.*

Dann hörte ich den heiseren Aufschrei des Mannes, sah das Zittern, das beide Leiber erfasste, lauschte dem Knurren, das dem Ganzen folgte, und ich ahnte, dass mindestens der attraktive Kerl mit der unglaublichen Ausdauer soeben explodiert war. Aber was war mit der Rothaarigen? Sie keuchte und stöhnte, als ob der Höhepunkt sie ebenfalls überrollt hätte, aber mehr Anhaltspunkte gab es nicht.

Schade, dachte ich bedauernd und nahm meine nasse Spalte erst jetzt bewusst wahr. Ich nahm an, dass diese Sache hier wohl vorbei war und es für mich nichts mehr zu sehen gab. Deshalb wollte ich gerade die Zweige loslassen und mich leise davonschleichen, als ich im letzten Moment zögerte. Vielleicht würde ich ja herausfinden, wie die beiden wirklich zueinanderstanden, wenn ich ein wenig abwartete. Würde der attraktive Typ der Frau einen zärtlichen Kuss geben? Dann war dies ein Hinweis darauf, dass sie sich womöglich schon länger kannten und lediglich das schöne Wetter und die Gelegenheit genutzt hatten. Oder würde er sie nur angrinsen, sich bei ihr bedanken und mit ihr zum Strand zurückkehren?

Ich war gespannt. Und hoffte mal, dass sie in letzterem Fall nicht ausgerechnet in meine Richtung liefen und mich entdeckten.

***

Der Typ ließ sich aus der Rothaarigen gleiten und grapschte nach ihren Brüsten, wobei er etwas sagte, was ich leider nicht verstehen konnte. Er leckte über die hübschen rosa Nippel, dann küsste er die Frau auf den Mund. Sie lächelte, dann ging sie in die Hocke und öffnete ihre Lippen. Sie streckte die Zunge raus, leckte einige Male über die Eichel und dann über die ganze Länge des Schaftes. Ich beneidete sie. Dieser Schwanz musste fantastisch schmecken, so wie sie ihn anguckte und geil lächelte. Außerdem staunte ich, dass er immer noch hart war und sich nicht zusammenzog. Schließlich hatte er seinen Dienst getan.

Nachdem sie auch die herabbaumelnden Eier nacheinander zwischen ihre Lippen gesaugt und saubergeleckt hatte, richtete sie sich wieder auf und lächelte den Typen lüstern an. Sie sagte etwas, drehte ihm den Rücken zu und hielt sich an dem Baum fest. Sie beugte sich vor, stemmte ihre Hände gegen die Rinde, der Mann versetzte ihr einen klatschenden Hieb auf die zarte Haut ihres Hinterteiles und packte dann seinen Schwanz, um die Eichel an ihrer Spalte zu positionieren. Er wollte sie wieder ficken. Ja, war dieser Mann denn dauergeil? Er war doch soeben erst gekommen; wie schaffte er es, dass seine Latte hart blieb? Dieses Exemplar Mann schien etwas Besonderes zu sein, davon gab es nur wenige, und wenn die Rothaarige schlau war, dann hielt sie ihn sich ganz warm.

Apropos harte Latte: Als ich den langen, dicken Ständer sah, wurde mir völlig anders. Er glänzte von dem Mösensaft der Frau, stand trotz des vorherigen Höhepunktes von dem männlichen Körper ab wie eine Eins und schien erneut zum Einsatz bereit zu sein.

In diesem Moment wünschte ich, ich könnte mit der Rothaarigen tauschen. Die ganze Sache verursachte mir einen wollüstigen Schwindel; ich sehnte mich nach einer Latte, die jetzt genau das mit mir tat, was der Frau dort drüben widerfuhr. Nur war bei mir leider niemand, was mich auf das Zusehen beschränkte. Atemlos beobachtete ich, wie der Mann, den ich jetzt im Profil sehen konnte, sich knurrend in die vermutlich heiße enge Spalte schob und genüsslich die Augen schloss. Er drang in die Frau ein, die ein begeistertes Keuchen von sich gab, dann krallte er seine kräftigen Finger in ihre zarte weiße Haut und begann von Neuem, die Frau zu ficken. Jetzt, da ich ihn von der Seite sehen konnte, kam er mir sogar irgendwie bekannt vor, aber nur entfernt. Und ich war viel zu abgelenkt mit Gucken, als dass ich weiter darüber nachdenken konnte, ob und wenn ja, woher ich ihn überhaupt kennen sollte.

Denn so langsam reichte es mir.

Ich war heiß, ich war nass – ich spürte regelrecht meinen Saft ausfließen – und ich brauchte dringend einen Fick. Was also tun, wenn gerade kein Kerl zur Hand war?

Ich musste es mir selbst besorgen.

Während dieses fickende Paar also weiter damit zugange war, sich gegenseitig den Verstand rauszuvögeln, schlüpfte meine Hand in mein Höschen und zwischen meine feuchten Schenkel. Sie fand auf Anhieb die nassen Schamlippen, die nur darauf gewartet hatten, dass jemand sie streichelte. Mit einem Finger glitt ich bis zum ersten Fingergelenk in die Spalte und keuchte leise, weil ich meine gierige Kirsche dabei streifte. Wie geil es doch war, zu wissen, dass man selbst durchaus in der Lage war, dem heißen

Verlangen Abhilfe zu schaffen. Und das einfach dadurch, indem man sich selbst wichste.

***

Meine linke Hand bog also weiter die Zweige des Gebüsches auseinander, damit ich das fickende Paar beobachten konnte, während meine rechte Hand in etwa das Gleiche vollführte wie der Typ mit der Rothaarigen. Sogar im gleichen Rhythmus, denn ich orientierte mich an den Stoßbewegungen der männlichen Hüften.

Die Frau krallte ihre Fingernägel in die Baumrinde und stieß begeisterte Jauchzer aus, denn mit jedem Stoß, den ihr Stecher ihr verpasste, schien er tiefer in sie einzudringen. Wie sehr ich sie beneidete! Meine Finger rubbelten immer schneller über meine anschwellenden, glatten und nassen Schamlippen und holten bei jedem Eintauchen in meine Spalte neue Nässe hervor, die ich sofort über meiner Klit verrieb. Diese schwoll meinen Fingerspitzen gierig entgegen und schien so groß zu werden wie eine Melone. Ich keuchte mit weit geöffnetem Mund und atmete mittlerweile schwer. Vor meinen Augen flimmerte es. Trotzdem war ich mir bewusst, dass ich meine eigenen Geräusche auf ein absolutes Minimum reduzieren musste. Schließlich war ich hier so was wie ein Mäuschen.

Meine Augen schienen aus den Höhlen zu quellen, so angestrengt starrte ich zu dem »Fick-Baum« hinüber, dessen starker Stamm ungerührt und unbeweglich dastand, während die Frau jeden Stoß des knurrenden Mannes abfing. Sie jaulte und japste vor Vergnügen, sie ließ ihre Hüften rotieren und feuerte den Typen mit einer hohen, fast kreischenden Stimme an.

***

Das schien ihm zu gefallen.

Denn er verdoppelte seine Anstrengungen noch einmal, was mich wirklich erstaunte. Wo gab es solche Männer, die wirklich alles gaben und ihre Sexpartnerin fickten, bis sie schrie? Wo gab es diese Männer, wenn man – in diesem Fall ich – sie immer wieder mal brauchte?

Die Rothaarige kam mit einem gewaltigen Schrei, der durch den kleinen Wald hallte. Ich schnappte erschrocken nach Luft und vergaß glatt, meine Kirsche weiter zu streicheln. Was, wenn jemand anderes außer mir diesen Schrei gehört hatte? Würden die Leute angelaufen kommen, um nachzusehen, ob jemandem was passiert war?

Ich sah mich um. Von meiner Position aus konnte ich jedoch kaum etwas sehen. Sollte jemand angelaufen kommen, dann bekäme ich das erst im letzten Moment mit. Und eigentlich war es ja nicht mein Problem, überlegte ich dann. Die beiden Nackerten würden als Erste gefunden werden, während ich mich leise und unauffällig zurückziehen konnte.

Was jedoch keineswegs unauffällig war, das war meine Kirsche. Sie pochte und pulsierte beinahe schmerzhaft, sie verlangte nach Erlösung, die nur ich ihr geben konnte. Also schlüpfte ich erneut mit meiner Hand in den feuchten Slip und streichelte mich selbst, während ich durch die Zweige spähte, um zu sehen, wie es bei dem Paar weiterging.

***

Der Mann hielt die Rothaarige immer noch fest und knurrte lüstern. Das konnte ich bis hierher hören. Und die Frau krallte sich noch immer an dem Baumstamm fest, doch sie hatte den Kopf gewandt und lächelte.

Ich machte große Augen, als der mir entfernt bekannte Typ erneut begann, sie zu vögeln. Seine Hüftbewegungen ließen die Muskeln seines knusperbraunen Hinterns spielen. Ich starrte darauf, beobachtete auch den breiten Rücken, der von der Sonne golden gebräunt war und die langen, männlichen Beine, die sich fest in den Waldboden stemmten. Am liebsten wäre ich hinter diesen Kerl getreten und hätte seine schöne braune Haut mit der Zunge großflächig abgeleckt. Um ihn dann umzudrehen, in die Hocke zu gehen und seinen harten Schwanz mit meinem Mund zu verwöhnen …

Als ob die Rothaarige meine Gedanken lesen würde!

Denn in diesem Moment richtete sie sich auf, der lange Schwanz glitt aus ihr und sie drehte sich zu dem Mann um. Ihr Lächeln war eindeutig lüstern, verführerisch, verlockend. Ich wünschte, ich würde an ihrer Stelle sein und so geil aussehen wie sie. Denn ihre blassen Brüste trugen die hart erigierten Brustwarzen wie zwei Rosenknospen vor sich her, was den Typen dazu animierte, sie anzufassen und zwischen Daumen und Zeigefinger zu zwirbeln.

Die Frau ging lächelnd vor ihm in die Hocke und betrachtete bewundernd den feucht glänzenden Riemen, der direkt vor ihrem Gesicht hoch aufgerichtet stand.

Was für ein Gerät, dachte ich. Ein leises Stöhnen entschlüpfte meinen Lippen, als die Rothaarige ihren Mund öffnete, den Schwanz ergriff und die dicke Eichel verschlang. Dieses Stöhnen entkam mir nicht nur, weil die Frau genau das tat, was ich am liebsten tun wollte, sondern weil meine Klit kurz vor dem Platzen stand.

Ich war so nass, ich hätte einen Eimer füllen können.

Der Mann stand jetzt im Profil, sodass ich genau sehen konnte, wie er in den Mund der rothaarigen Frau fickte. Erneut dachte ich, dass ich den Kerl kennen müsste, aber ich kam nicht darauf, woher. Seine Hüften bewegten sich schnell, seine Lippen waren halb geöffnet und sein geiles Stöhnen drang bis zu mir. Die Frau kniete vor ihm und umschloss seine Eichel mit ihrem Mund. Es war dieser Anblick, der mir den letzten Kick versetzte und mich zuckend kommen ließ. Ich biss in meine Hand, um keine verräterischen Laute von mir zu geben, während die andere Hand nass meine Spalte rubbelte und nach meiner Kirsche tastete. Sie flatterte und zuckte wie verrückt, der Orgasmus durchflutete mich und ich ging beinahe in die Knie vor lustvoller Schwäche. Leise keuchend stierte ich zu dem Paar hinüber. Mein Höhepunkt ebbte nur langsam ab, doch dann sah ich wieder klarer.

Das tiefe Stöhnen des Mannes zeigte an, dass er ebenfalls explodierte. Seine Hüften zuckten, und die Rothaarige wichste seinen langen Schwanz, bis er fertig war. Ich konnte nicht genau erkennen, ob sie seinen Saft im Mund behielt, doch ich ging davon aus, weil sie jetzt aufstand und den Typen lange küsste. Er schien ihre Lippen abzulecken, während er sie liebevoll umarmte.

Sie standen noch einen langen Augenblick zusammen, flüsterten sich Worte zu, die ich nicht verstand und gingen dann Hand in Hand seitlich zum Strand hinunter.

Ich atmete auf. Wenigstens waren sie nicht in meine Richtung gekommen.

Ein wenig wunderte es mich schon, dass außer mir niemand bemerkt hatte, was dort in dem kleinen Wäldchen abgegangen war. Hatte wirklich sonst niemand dieses Stöhnen, das ich im Nachhinein als geil einstufte, gehört? Oder wusste jeder außer mir, was es bedeutete und störte lieber nicht, weil er hoffte, im Gegenzug bei einer ähnlichen Gelegenheit ebenfalls ungestört zu bleiben? Letzteres wäre jedoch ein Zeichen meiner unglaublichen Naivität, was mich zutiefst frustrierte.

Aber was mich viel mehr beschäftigte, war dieser Typ, der die Rothaarige so heftig gevögelt hatte. Er kam mir bekannt vor; ich wusste, dass ich ihn schon einmal gesehen hatte. Aber wo? Hatte ich ihn vielleicht schon häufiger am FKK-Strand gesehen und er war mir aufgefallen, weil er so attraktiv war? Vielleicht war es ja so einfach, überlegte ich. Und hakte die Sache damit ab.

***

Am nächsten Morgen erschien ich wie immer auf der Arbeit. Ich trug mein Businesskostüm, das aus einer weißen Bluse, einem grauen Bleistiftrock und hochhackigen Schuhen samt Seidenstrümpfen bestand. Wie jeden Morgen war ich sorgfältig geschminkt und strahlte Autorität und Kompetenz aus. Alles war so wie immer, so wie jeden Tag, und was gestern geschehen war, war zwar erfreulich abwechslungsreich gewesen, aber ich bezweifelte, dass ich häufiger Zeugin sein durfte, wenn fremde Menschen miteinander vögelten. Wobei fremd … dieser Mann …

Lass gut sein, Martina, ermahnte ich mich energisch. Du kennst diesen heißen Typen nicht, wirst ihn auch nie kennenlernen. Punkt.

»Frau Wallner?« Unser Sachgebietsleiter kam quer durch das Großraumbüro auf mich zu. Ich sah ihm neugierig entgegen. Kurz ging mir durch den Kopf, wie meine Kollegin diesen Mann am Vortag angestrahlt hatte. Mein Typ war er jedenfalls nicht.

Er sah nicht übel aus, war groß und mit angegrauten Schläfen, die ihm ein distinguiertes Äußeres verliehen, aber der kleine Bierbauch, der sich über dem Hosenbund abzeichnete, war nicht so mein Fall, trotz meiner eigenen Rubensfigur. Ich stand vermutlich doch eher auf Spargel. Spargel mit großen, heißen Ständern …

Ich riss mich zusammen. Mein Vorgesetzter übergab mir einen Packen Papiere und bat mich, in die andere Abteilung rüberzugehen und alles seinem Kollegen zu überbringen, nachdem ich die Schriftstücke durchgelesen und gegebenenfalls korrigiert hatte. Ich nahm den Stapel und versprach, es noch vor dem Mittag zu erledigen. Dann machte ich mich an die Arbeit.

Etwa zwei Stunden später war ich fertig und rieb mir die Augen. Es war Zeit für eine Pause, und auf dem Weg in die Kantine würde ich die Papiere bei dem anderen Sachgebietsleiter vorbeibringen. Die Abteilung befand sich in dem Nachbargebäude; ein kleiner Spaziergang würde mir guttun.

Dann stand ich vor der Tür und las das Namensschild, das daneben hing. Markus Leitner, hier war ich richtig, dachte ich, klopfte an, wartete das »Herein!« ab und öffnete mit einem unverbindlichen Lächeln die Tür.

Dieses Büro war von Licht durchflutet, das jeden Eintretenden im ersten Moment blendete. Ich kniff die Augen zusammen und nahm einen wuchtigen Schreibtisch wahr, hinter dem eine schemenhafte Gestalt mit breiten Schultern saß. Diese Gestalt legte gerade den Telefonhörer auf und sah mir entgegen.

»Hallo, Sie sind diejenige, die mir die Unterlagen von meinem Kollegen bringt, ja?«

Ich stutzte. Diese Stimme kannte ich doch? Aber woher? Schnell schob ich meine Fragen beiseite und trat lächelnd näher. Allmählich konnte ich deutlicher sehen, weil meine Augen von einem Eckpfeiler beschattet wurden.

»Ja, das stimmt, Herr Leitner. Hier sind sie. Ich habe sie durchgelesen und korrigiert …«

Ich reichte dem gut aussehenden Mann den Packen Papier und erstarrte. Markus Leitner trug einen teuren, perfekt sitzenden Business-Anzug, dazu ein klassisches weißes Hemd und eine rote Krawatte. Das Lächeln in dem gebräunten Gesicht war herzlich, verwandelte sich jetzt jedoch in ein Fragezeichen wegen meiner Reaktion auf ihn.

Er konnte es nicht wissen. Und es war besser für mich, wenn er es nie erfuhr, wo ich ihn außerhalb dieses Büros gesehen hatte. Denn er war der Nackte von gestern mit dem unglaublichen Ständer.

Viele heisse Hände

»Wie war eigentlich dein letztes Date? Du wolltest mir doch davon erzählen?«

Peggy zupfte eine Weintraube von den Stängeln, die in der Plastikbox lagen, und steckte sie in ihren Mund. Die Frucht war süß, saftig und zerplatzte in ihrem Mund. Ihre Geschmacksknospen reagierten, als ob eine Explosion stattgefunden hätte. Peggy schloss genießerisch die Augen.

Nina grinste.

»Es war geil. Richtig geil, wenn du verstehst, was ich meine.«

Peggy bekam große Augen.

»Jetzt erzähl schon! Ich will alles wissen, jedes Detail!«

***

Die beiden nackten Frauen saßen hinter zwei Bäumen, die ihnen Schatten spendeten, auf großen bunten Badetüchern. Jede von ihnen hatte einen Korb mit Proviant sowie Getränken dabei, mit denen sie es sich an diesem schönen Sonnentag gut gehen lassen wollten. Sie trafen sich regelmäßig an diesem FKK-Strand, um die Seele baumeln zu lassen, nahtlos braun zu werden und einmal weit weg vom Alltag zu sein. Diesen freien Tag zelebrierten sie beinahe wöchentlich, wenn das Wetter es zuließ.

Nina und Peggy waren seit Jahren gut befreundet. Sie tauschten Erlebnisse aus, gaben sich gegenseitig Tipps in Bezug auf ihre Dates und sprachen auch über Intimes.

»Na ja, wir trafen uns vor dem Restaurant, gingen essen, unterhielten uns und bämm!«, erklärte Nina lapidar, während sie eine Weintraube in ihren Mund steckte.

»He, das war ein bisschen zu kurz«, beschwerte Peggy sich. Sie nahm eine Flasche Wasser, öffnete sie und trank daraus. »Vor allem das Bämm interessiert mich«, fügte sie dann grinsend hinzu. »Was macht der Kerl denn so, wenn er gerade keine Frauen flachlegt?«

»Er arbeitet im IT-Bereich. Ich habe ehrlich gesagt nicht so genau zugehört.«

Peggy hob erstaunt die Augenbrauen und wartete auf eine Erklärung. Für sie persönlich wäre es wichtig zu wissen, was ein potenzieller Partner beruflich machte, selbst wenn dieser nur sporadisch ihr Leben teilen sollte. Denn daraus ließen sich hervorragend eventuelle mögliche Gehaltsprognosen ableiten, sprich:

zu erwartende Geschenke oder Urlaube.

»Na ja, ich war abgelenkt. Der Typ sah fantastisch aus, weißt du? Dunkelblonde, lockige Haare, grüne blitzende Augen mit dichten Wimpern, kantiges Kinn …«, sagte Nina verträumt. »Dazu hatte er einen Körper, der absolut traumhaft war.«

»Wie traumhaft?«

»Breite Schultern, schmale Hüften, definierte Muskeln, flacher Bauch und schöne Beine«, zählte Nina auf. Ihr Gesicht verzog sich sehnsüchtig, als sie daran dachte, wie dieser mit Muskeln bepackte Körper auf ihr gelegen und der dazugehörige Schwanz sie hart gevögelt hatte.

Diese Beschreibung ließ Peggy unruhig werden. Als Nina auch noch hinzufügte, dass ihr Date nahtlos gebräunt war, als ob er entweder in ein Solarium oder an den FKK-Strand ginge, beneidete sie ihre Freundin.

»Der Typ muss ja ein richtiges Sahneschnittchen gewesen sein«, sagte sie.

»Oh ja, das war er. Im Bett auch …«

»Erzähl!«

Nina steckte sich eine weitere Traube in den Mund und begann zu erzählen.

»Nach dem Essen brachte er mich nach Hause. Und du weißt ja, dass ich eigentlich nicht so schnell mit einem Kerl ins Bett steige, okay?«, rechtfertigte sie sich im Vorhinein. »Aber dieser Typ war so heiß und charmant, da konnte ich einfach nicht widerstehen.«

Sie griff nach der Wasserflasche, um sich die Kehle zu befeuchten. Der heutige Tag war wärmer, als die Meteorologen vorausgesagt hatten. Peggy wartete ungeduldig darauf, dass Nina fortfuhr.

»Jedenfalls küsste er mich vor der Haustür, fragte dann höflich, ob er noch mit reinkommen dürfe, und schleppte mich drinnen sofort in mein Schlafzimmer. Wir zerrten uns gegenseitig die

Kleidung vom Leib und vögelten, bis wir nicht mehr geradeaus denken konnten. Ich sag dir, der Mann hat ein paar Moves auf Lager, da vergeht dir Hören und Sehen!«

Nina sprach jetzt schnell und sprudelte geradezu über. Ihre Augen leuchteten in der Erinnerung an die vergangene Nacht.

»Moves? Was gibt es denn da noch außer dem üblichen Rein-Raus-Fick?«, fragte Peggy mit verständnislos gerunzelter Stirn.

»Tja, wie soll ich das beschreiben?« Nina überlegte. »Also, das Übliche geht ja geradeaus, etwa so.« Sie hob die Hände, bildete links mit Daumen und Zeigefinger einen Ring und stieß mit dem rechten Zeigefinger gerade hindurch.

Peggy nickte.

»Aber das, was er gemacht hat, das war … ungefähr so.« Nina senkte ihre Hand ein wenig und stieß von schräg unten durch das Loch, das die andere Hand bildete.

»Von unten?«, fragte Peggy mit großen Augen nach. Sie hörte fasziniert zu.

»Ja. Von unten. Und dann ließ er auch noch seine Hüften kreisen. Du kannst dir gar nicht vorstellen, wie geil das war!« Nina hatte rote Wangen, als sie daran dachte, wie raffiniert der Typ sie gevögelt hatte. Durch die Veränderung seiner Stoßrichtung hatte es sich angefühlt, als ob er ihre Spalte von allen Seiten ficken würde. Dadurch hatte er unter anderem ihren G-Punkt sehr intensiv stimuliert. Nina ließ ihre Hände sinken.

»Peggy, ganz ehrlich: Ich bin mehrmals gekommen …«

Peggys Gesicht hatte einen lüsternen Ausdruck angenommen. Das, was Nina gerade beschrieben hatte, würde sie selbst auch zu gerne mal erleben. Ihre bisherigen Sexpartner waren ziemlich unkreativ zu Werke gegangen und sie hatte Mühe gehabt, die Männer dazu zu animieren, es »richtig« zu machen, damit auch sie einen Orgasmus bekam. Oder sie wenigstens im Nachhinein noch zu befriedigen.

»Hast du seine Telefonnummer?«, fragte sie spontan.

Nina lachte.

»Warum? Willst du ihn als Callboy engagieren?«, gab sie grinsend zurück.

»Möglich«, sagte Peggy mit einem verschmitzten Schulterzucken. »Wo gibt es solche Kerle? Du hast ihn doch im Internet kennengelernt?«

»Ja. Aber da schwirren einige komische Typen herum, finde ich. Ich hatte echt Glück.«

Peggy stimmte ihr uneingeschränkt zu. Ihren eigenen Erfahrungen nach gab es auf den Datingplattformen eine große Mehrheit dieser 08/15-Typen, die glaubten, dass eine Frau sich bei ihnen bedanken sollte, wenn sie sie mit durchschnittlichem bis schlechtem Sex beglückten. Einen beinahe ebenso hohen Prozentsatz bildeten die Männer, die es nicht schafften, auf andere Weise jemanden kennenzulernen und die den Frauen gleich bei dem ersten Date die Ohren volljammerten, wie schlecht sie von ihren Verflossenen behandelt worden seien. Widerlich.

Dagegen waren so heiße Typen wie der Mann, mit dem Nina gevögelt hatte, verdammt selten. Sie verhielten sich meistens wie Schmetterlinge, die von Blume zu Blume flogen und von allem naschten, das ihre Aufmerksamkeit erregte. Sie blieben nie an einem Ort, sprich, bei einer Frau.

Und den perfekten Traummann, den sie beide noch immer suchten, gab es vermutlich wirklich nicht. Aber vielleicht hatte Nina ja Glück und ihr letztes Date entpuppte sich als »Einhorn«? Zu wünschen wäre es ihr, dachte Peggy und warf ihrer Freundin von der Seite her einen liebevollen Blick zu. Nina war sehr attraktiv und wirkte auf Männer wie ein Magnet. Sie hatte glänzendes, blondes Haar, ein oval geschnittenes Gesicht mit schräg stehenden dunklen Augen, volle Brüste und lange Beine.

Wenn sie beide zusammen shoppen gingen, drehten sich die Kerle nach Nina um.

Peggy selbst war zierlich gebaut, mit einem mädchenhaften Gesicht, langen schwarzen Haaren und kleinen festen Brüsten. Das komplette Gegenteil zu ihrer Freundin, aber gerade das fanden viele Typen attraktiv. Sie konnte sich also eigentlich nicht beklagen. Trotzdem seufzte sie. Hin und wieder wünschte sie sich, so auszusehen wie Nina.

»Wirst du ihn wiedersehen?«, wollte sie von ihrer Freundin wissen.

Nina guckte traurig.

»Glaubst du wirklich, dass so ein heißer Kerl sich mehr als einmal mit der gleichen Frau trifft oder dass er nicht bereits vergeben ist?«, fragte sie zurück.

»Ist er denn vergeben?«

»Er sagte Nein, aber so ganz glaube ich ihm das nicht.«

»Wie seid ihr denn verblieben?«, wollte Peggy wissen.

»Er meinte, er meldet sich und hat meine Nummer notiert.« Nina zuckte mit den Achseln. »Von dem höre ich wohl nie wieder.«

»Du bist echt pessimistisch und misstrauisch«, kritisierte Peggy sie.

»Ich habe genügend solche Typen kennengelernt, die mich angelogen haben. Entweder sie waren verheiratet oder liiert, oder ließen nichts mehr von sich hören. Ich will nicht zu viel erwarten, dann ist die Enttäuschung nicht so groß. Ist besser so.«

Peggy konnte ihre Freundin gut verstehen, weil in den letzten Jahren mehr als einmal die Situation eingetreten war, dass sie Nina ihre Schulter zum Ausweinen anbieten musste.

Sie schwieg.

»Und was läuft bei dir?«, fragte Nina nach einer Weile.

»Nichts. Leider. Der letzte Fick ist schon so lange her, dass ich bald Spinnweben dort unten habe«, sagte Peggy und grinste. Nina lachte.

»Ein Glück, dass es gewisse Hilfsmittel gibt!«

»O ja«, stimmte Peggy zu. »Ohne die wäre ich komplett aufgeschmissen!«

Nina griff in ihren Proviantkorb und zauberte eine grüne Flasche hervor.

»Wie wäre es mit einem kühlen Weißwein?«, fragte sie verschmitzt und holte zwei Gläser aus dem Korb. »Na?«

»Nanu, haben wir was zu feiern?«

»Brauchen wir das, um einen Wein zu trinken?«

»Stimmt, einen Anlass brauchen wir nicht. Also, her damit!«

Sie öffneten die Flasche mit einem Korkenzieher, den Nina ebenfalls aus ihrem Korb zog. Peggy schenkte die Gläser mehr als halb voll ein und sie prosteten sich zu.

»Auf das Leben und den Sex!«

»Auf das Leben und den richtig guten Sex!«

Nina nippte an dem Glas und verdrehte genießerisch die Augen.

»Wie stellst du dir eigentlich deinen Traummann … he, du hörst ja gar nicht zu?«

Peggy saß da und starrte plötzlich zu den dicht zusammenstehenden Bäumen hinüber. Sie machte eine unwirsche Bewegung mit der Hand und bedeutete Nina, still zu sein. Die folgte ihrem Blick, konnte jedoch nichts Besonderes entdecken.

»Was hast du denn?«

»Pssst. Schau mal da rüber!« Peggy deutete mit dem Kopf in die betreffende Richtung.

Nina beugte sich vor und guckte durch den Spalt.

***

Etwa zwanzig bis fünfundzwanzig Meter von ihnen entfernt saß im Schatten eines Baumes ein nackter Mann. Er war braun gebrannt und athletisch. Nina sah ihn im Halbprofil, was bedeutete, dass er halb mit dem Rücken zu ihnen dort saß und sein Gesicht nicht komplett zu sehen war. Trotzdem konnte sie genau erkennen, wie sich sein Arm und demzufolge auch seine Hand bewegen musste. Sie ging auf und ab, auf und ab. Dabei sah der Typ sich immer wieder verstohlen um.

»Was macht der da?« Nina flüsterte unwillkürlich.

»Erkennst du das wirklich nicht?«, raunte Peggy mit roten Wangen.

»Sag du es mir!« Nina hatte natürlich einen Verdacht, wollte ihn aber von Peggy bestätigt bekommen.

»Er wedelt mit seiner Palme!«

»Unglaublich!«

Jetzt starrten beide Frauen durch den Spalt hindurch und beobachteten den sich wichsenden Mann. Er zeigte die typischen Merkmale der Erregung. Er warf den Kopf zurück. Sein Gesicht, soweit sie es sehen konnten, war hochrot und vor Lust verzerrt. Die Auf-und-Ab-Bewegungen erfolgten in einem wechselnden Rhythmus, wobei der Typ in seinen Schoß hinabsah. Wenn der Mann sich in der Gegend umschaute, drehte er sich nie komplett zu Peggy und Nina um und entdeckte sie daher auch nicht. Er glaubte wohl, er sei in dieser Ecke völlig allein, dachte Nina, denn die anderen Sonnenanbeter lagen weit genug von ihm entfernt. Der Mann warf trotzdem vorsichtige Blicke zu den anderen FKKlern hinüber, die zu seinem Glück mit sich selbst beschäftigt waren und entweder lasen oder dösend in der Sonne lagen. Außerdem war er in einer Richtung durch einen Busch vor ihren Augen verborgen.

***

Nina spürte ein bekanntes Kribbeln in ihrer Möse. Dieser wichsende Typ machte sie an. Am liebsten wäre sie aufgesprungen, zu ihm rüber gelaufen und hätte sich auf seinen Schoß gesetzt. Sie wurde feucht.

Peggy erging es kaum anders. Sie stellte sich den Schwanz vor, den der Mann gerade bearbeitete und wünschte, sie könnte von ihrem Platz aus sehen, was er so zu bieten hatte. In ihrem Unterleib breitete sich die Hitze aus.

»Verdammt, ist das geil«, murmelte sie, während sie ihre Augen kaum von dem Typen abwenden konnte.

»O ja«, sagte Nina lüstern. Peggy warf nun doch einen Blick zu ihr hinüber. Ihre Freundin schien mindestens so erregt zu sein wie sie selbst. Ihre Brüste waren geschwollen und die Brustwarzen erigiert und keck aufgerichtet. Ninas Augen klebten förmlich an dem Kerl. Peggy blickte an sich selbst hinunter. Sie sah ein ähnliches Bild: größere Brüste, hoch aufgerichtete Brustwarzen, die sich hart zusammengezogen hatten.

Sie sah wieder zu dem Typen rüber und stöhnte leise.

Der Mann hatte sich hingelegt. Sein Schwanz ragte hoch in die Luft, hart und dick geschwollen und von der männlichen Faust umklammert. Noch immer konnten die beiden Frauen nicht das Gesicht sehen, hatten dafür jedoch vollen Einblick auf das, was so intensiv gerieben wurde.

»Himmel, ist der riesig«, sagte Nina überrascht. Ihre Augen quollen fast aus den Augenhöhlen, so angestrengt starrte sie hinüber. Sie sabberte geradezu und ihr Mund stand halb offen, als ob sie über den Anblick, den der wichsende Kerl ihr bot, erstaunt sei.

»Ich wünschte, ich könnte mich draufsetzen. Wir hätten bestimmt viel Spaß miteinander, sein Schwanz und ich!«, flüsterte Peggy sehnsüchtig. Das Kribbeln in ihrer Möse verstärkte sich von Minute zu Minute. Hätte sie einen Slip an, so wäre er längst nass. So aber saß sie mit übereinandergelegten Beinen da und rutschte unruhig auf ihrem Badetuch hin und her, als müsse sie sich daran reiben. Leises, abgehacktes Keuchen drang aus ihrem Mund.

Nina konnte es ihr nicht verdenken. Auch wenn sie erst vor Kurzem durchgevögelt worden war: Dieser wichsende Typ hatte es ihr sehr angetan. Zumindest hatte er ihren Appetit geweckt. Wie musste es da erst Peggy gehen, deren letztes Date und das damit verbundene »Betthupferl« schon ein wenig länger her waren? Ihre Freundin musste ja völlig ausgehungert sein, dachte sie und registrierte, dass Peggy immer schwerer atmete.

Nina fasste einen Entschluss. Das hier war ja kaum auszuhalten. Ihre Mösen liefen aus und brauchten dringend etwas zum Verschlingen. Und der arme wichsende Kerl schien ebenfalls Mühe zu haben, zum Ende zu kommen – vermutlich, weil er eine Entdeckung fürchtete und sich deshalb nicht entspannen konnte. Sie aber hatte eine Idee, wie ihnen allen geholfen werden konnte.

»Süße, wir haben genau zwei Möglichkeiten.«

»Möglichkeiten?«, echote Peggy atemlos. Sie wandte den Blick nicht von dem braun gebrannten Kerl ab.

»Möglichkeiten«, bestätigte Nina. »Entweder wir machen es uns hier selbst …«

»Was?« Erschreckt wandte Peggy den Kopf und starrte Nina mit weit aufgerissenen Augen an.

»Na, du musst doch zugeben, dass uns dieser Typ total heißgemacht hat, einfach nur dadurch, weil er seinen Stab rubbelt. Oder?«

Peggy ging darauf nicht ein. Die Röte auf ihrem Gesicht vertiefte sich jedoch. Sie nickte leicht und fragte: »Und die zweite Möglichkeit?« Auch wenn Nina ihre beste Freundin war und sie sich gegenseitig so einiges an Intimitäten anvertrauten – nebeneinanderzuliegen und sich selbst zu befriedigen, dabei das Seufzen und Stöhnen der anderen zu hören und dann zu explodieren konnte sie sich gerade nicht so vorstellen. Auf der anderen Seite: Wie sollten sie sich sonst Erleichterung verschaffen?

»Die zweite Möglichkeit wäre: Wir gehen jetzt da rüber und bieten dem armen Mann unsere Hilfe an!« Nina grinste lüstern. »Er leidet doch sehr, findest du nicht? Also, ich kann das nicht länger mitansehen. Du etwa?«

Peggy dachte kurz nach und meldete vorsichtige Bedenken an.

»Und was machen wir, wenn er dankend ablehnt?«

»Glaubst du wirklich, dass er das macht?!«, sagte Nina und lachte.

Peggy lachte mit, dann überlegte sie, dass sie ja immer noch Möglichkeit eins in Betracht ziehen könnten, sollte der Typ sich aus welchen Gründen auch immer gegen sie entscheiden.

»Okay, machen wir es!«, sagte sie kurz entschlossen und stand auf. Nina folgte ihr; sie strafften beide die Schultern und marschierten zu dem Mann hinüber.

Er bemerkte sie erst, als sie dicht vor ihm standen und lüstern auf seinen Schritt starrten.

***

Entsetzt riss er die Augen auf, nahm seine Hand von dem Schwengel und Nina und Peggy konnten ihn endlich gebührend bewundern. Aus der Nähe betrachtet war er noch schöner, als sie gedacht hatten.

Der Mann setzte sich verlegen auf und öffnete den Mund.

Nina unterbrach ihn sofort. Sie legte einen Finger auf ihre Lippen und schüttelte lächelnd den Kopf.

»Süßer, wir haben dich von dort hinten beobachtet«, sie wies zu den zwei Bäumen hinüber, »... und dabei festgestellt, dass wir dein Leiden einfach nicht länger mitansehen können. Deshalb wollten wir dir unsere Hilfe anbieten!«

Der Mann starrte Peggy und Nina nacheinander an, als ob sie überirdische Erscheinungen seien.

»Ich ... äh ... Leiden? Hilfe?«

Peggy starrte ausschließlich auf seinen Schwanz, der zwischen seinen Beinen nach oben ragte. Das Reden überließ sie lieber Nina. Sie selbst war kaum noch fähig, einen vernünftigen Satz zustande zu bringen, so scharf war sie auf diesen harten, geilen, köstlichen, herrlichen, wunderbaren Stab. Ihr lief bereits das Wasser im Mund zusammen, als sie sich vorstellte, ihn von oben bis unten abzulecken.

Nina nickte dem verlegenen Mann zu.

»Ja. Hilfe. Damit.« Sie wies auf den harten Schwengel und sah dem Typen dann tief in die Augen. Ihr Lächeln war eindeutig lüstern.

Der Mann räusperte sich mehrmals. Es war ihm anzusehen, wie peinlich die Situation für ihn war. Doch dann schien er über Ninas Worte nachzudenken, die erst jetzt zu ihm durchgedrungen waren.

»Ihr wollt mir … helfen?«, vergewisserte er sich.

Nina verdrehte gespielt genervt die Augen. Wenn er sie und Peggy jetzt nicht endlich an seine Latte ranließ, dann konnte sie für nichts mehr garantieren.

»Richtig. Helfen. Wir dachten, dass viele heiße Hände doch bestimmt angenehmer für dich wären als nur eine – oder liegen wir da falsch? Ich meine, wenn du unbedingt solo …«

Sie tat, als würde sie sich wieder von ihm abwenden und wollte gerade nach Peggys Hand greifen, um die lüsterne Freundin von dem Subjekt der Begierde wegzuzerren – wenn nötig, mit Gewalt –, als der Typ die Hand hob und sie fast flehentlich zurückhielt.

»Nein, ich … finde euer Angebot wirklich sehr großzügig!« Ein strahlendes Lächeln breitete sich auf seinem Gesicht aus. Der ist ja richtig süß, stellte Nina fest und erwiderte das Lächeln. Der Mann redete weiter: »Es kommt nur völlig unerwartet. Aber ich würde es wahnsinnig gerne annehmen!«

Geschafft, dachte Peggy. Endlich! Ihr war allmählich schwindelig vor Geilheit. Ihre Spalte sabberte, was sie nur hergab, und sehnte sich nach diesem harten Teil. Peggy konnte es kaum fassen, dass sie da dran durfte.

»Sicher?«, fragte sie deshalb sicherheitshalber noch einmal nach. Sie fühlte sich wie in Trance.

Der Mann sah ihr in die Augen und erkannte vermutlich sofort, wie es um sie stand, denn er grinste breit. »Ich wäre euch wirklich sehr dankbar«, sagte er leise.

***

Nina ging neben ihm auf die Knie und konnte von dieser Position aus feststellen, dass der Typ sich eigentlich keine Sorgen hätte machen müssen, entdeckt zu werden. Denn von da unten aus war nur in weiter Entfernung ein Pärchen zu sehen, das faul dösend in der Sonne lag und sich extra hätte umwenden müssen, um ihn zu sehen. Alle anderen FKKler waren entweder noch weiter weg oder durch das Gebüsch verborgen. Einzig ein älteres Ehepaar lag in der Nähe, aber die schienen zu schlafen.

»Peggy? Komm, lass uns diesem armen Kerl helfen«, raunte Nina. Und zu dem Mann gewandt sagte sie: »Leg dich doch hin!« Er gehorchte und legte sich auf den Rücken. Sein Schwanz stand kerzengerade nach oben.

Peggy ging auf die andere Seite des Typen und kniete sich neben ihn. Ihr Gesicht war gerötet, zwischen ihren Schenkeln war es nass. Ihre innere Hitze fühlte sich an, als würde sie sie gleich verbrennen. Zärtlich nahm sie den Schwanz des Mannes in eine Hand und betastete ihn.

»Was für ein hübscher Joystick«, sagte sie und lächelte.

»Du darfst gerne damit spielen«, gab der Mann grinsend zurück und wartete darauf, dass sie endlich damit begann. Seine Latte war groß und hart, die empfindsame geäderte Haut umspannte den Schaft. Oben thronte als Spitze die Eichel. Sie glänzte rosa, und aus dem kleinen Loch quollen glasklare Tropfen. Peggy schob die Haut des Schaftes leicht nach oben. Sofort flossen weitere Tropfen über die ganze Länge hinunter. Peggy verrieb sie geschickt. Der Mann stöhnte geil.

»Wie heißt ihr?«, fragte er heiser.

»Peggy.«

»Nina. Und du?«

»Richard. Ihr zwei seid echt heiß!«

»Gleichfalls«, murmelte Peggy. Sie beugte sich über die Eichel und stülpte ihre Lippen langsam darüber, sie schob sie über den Schaft und nahm den Schwanz tiefer in ihren Mund auf. Richard keuchte.

Nina beobachtete ihre Freundin, wie sie sich über den Schwengel hermachte und andächtig daran lutschte. Sie selbst streichelte zunächst Richards Oberschenkel, dann seinen Bauch und seine Brust, was ihm sehr zu gefallen schien, denn seine Augen glänzten.

»Heiße Hände, ja?«, murmelte er undeutlich, während er auf ihre hübsch gerundeten Brüste starrte. Er hob eine Hand und streichelte über ihre Nippel, dann zupfte er sanft an ihnen. Nina spürte, wie die Lust direkt in ihre Spalte schoss.

Die ganze Szene kam ihr unwirklich vor und trotzdem völlig natürlich, weil sie selbst jetzt wahnsinnig scharf war. Sie sah Richard an. Er hatte die Augen geschlossen und atmete tief durch. Sein Body sah gar nicht so übel aus, dachte Nina. Er hatte zwar kein ausgeprägtes Sixpack, aber er war durchtrainiert – was darauf hoffen ließ, dass der Mann eine gewisse Ausdauer besaß.

Nina rutschte weiter nach oben und lächelte ihn an, als er die Augen aufschlug.

»Willst du mal eine nasse Möse probieren?«

Seine Augen weiteten sich, als könne er sein Glück kaum fassen. »Natürlich!«

Sie kniete sich über Richards Gesicht und präsentierte ihm ihre nasse Spalte, als sei sie eine leckere Frucht. Er streckte seine Zunge raus und leckte an ihr.

»Du läufst ja schon aus«, stellte er amüsiert fest. Nina bewegte ein wenig ihre Hüften, um sich in die richtige Position zu bringen. Dann spürte sie wieder seine Zunge. Sie glitt in ihre Möse, leckte tief in sie hinein und flatterte über die Klit.

»Nur weiter so!«, ermunterte Nina ihn atemlos. Als seine Lippen sich auf ihr nasses Geschlecht pressten und er seine Zunge erneut in sie hineinschob, ließ sie ihr Becken rotieren und warf den Kopf zurück.

***

Peggy leckte und lutschte begeistert an dem Schwanz. Ihre Zunge glitt über die ganze Länge des Schaftes bis unten zu den prallen Eiern, die in ihrer Hand lagen. Zwischendurch nahm sie ihre Hände zu Hilfe, um den Schwanz zu wichsen. Sie liebkoste die Hoden mit den Fingerspitzen, dann saugte sie sanft an ihnen, bis sie Richard stöhnen hörte. Als sie mit den Lippen über die zarte Haut bis nach oben zu der glänzenden Eichel streifte, saugte sie auch daran. Dieser Riemen war richtig lecker, dachte sie verschwommen vor Lust. Meine Möse würde sich freuen, ihn zu verschlingen … aber halt! Sie bemerkte erst jetzt, dass Nina über Richards Gesicht kniete und ihr Becken vor- und zurückbewegte. Was machten die beiden denn da?

Peggy hob den Kopf und lauschte dem Stöhnen ihrer Freundin. Als sie sich zur Seite beugte, wurde ihr klar, was da abging. Richard leckte Nina. Wie geil!

Nun, dachte Peggy, *dafür halte ich diesen heißen Ständer in meiner Hand, den ich gleich reiten werde, bis sein Besitzer nicht mehr weiß, wo oben und unten ist.*

Sie ließ die Latte los und schwang ein Bein über den Mann.

***

Nina stöhnte. Richards Zunge wand sich geschickt in ihre Spalte hinein und leckte sie aus. Immer wieder strich sie breit über die große, geschwollene Kirsche und sandte dadurch ein Feuerwerk durch Ninas Körper. Die bewegte rhythmisch ihre Hüften, hob und senkte ihr Becken und rieb sich sogar gierig an Richards

Kinn, das ihr die dringend benötigte Härte für ihre Klit bot. Dann spürte sie, wie der geile Mann unter ihr seine Hände auf ihre Pobacken legte, um sie zu kneten und um ihre Bewegungen zu dirigieren. Als er plötzlich laut zu keuchen begann, sah Nina hinter sich.

Ihre Freundin kniete über Richards Schwanz und rieb sich genüsslich an seiner Eichel. Peggys Gesicht war vor Lust verzerrt, ihre Augen blickten glasig. Ihre Hände lagen locker auf ihren Oberschenkeln. Die beiden Frauen lächelten sich zu.

Das hätte ich nie gedacht, dass wir beide uns mal an dem gleichen Mann bedienen, überlegte Nina und genoss die leckende Zunge an ihrer Spalte. Richard bewegte seine Hände. Er schob eine davon zwischen sein Gesicht und ihre Möse, strich mit den Fingerspitzen über die nassen Schamlippen und schlüpfte mit dem Zeigefinger in ihre Grotte. Der Finger fand die geschwollene Klit und strich zunächst darüber, dann krümmte er sich.

Nina schnappte nach Luft. Die Berührung war unglaublich intensiv. Dieser Finger rieb und massierte sie von innen, sodass sie genau spürte, wie ihr Orgasmus sich in ungewohnter Schnelligkeit aufbaute. Da war diese Stelle in ihr … wenn Richards Finger darüber glitt, könnte sie sofort explodieren!

Sie bewegte sich hektischer, weil sie vor Lust außerstande war, noch einen klaren Gedanken zu fassen. Alles in ihr sehnte sich danach, zu kommen. Ihre Spalte rieb sich an Richards Finger, an seiner Hand, an allem, was er ihr bot. Seine Zunge flatterte über ihre Kirsche und leckte mehrmals breit darüber. Sie spürte den heißen Atem, wenn er keuchte oder stöhnte, weil Peggy ihn mit ihrer Möse heftig zu bearbeiten schien.

Nina warf den Kopf zurück und zerrte geil an ihren Brüsten.

***

Peggy ließ ihre Hüften rotieren und rieb sich zunächst an der Eichel, dann schwang sie ihr Becken vor und zurück. Ihre nasse

Möse hinterließ einen feuchten Streifen auf Richards hartem Schaft. Ihre Kirsche trat gierig hervor und wollte mehr Reibung. Sie pochte, sie zog, sie schmerzte. Verzweifelt presste Peggy ihre Schamlippen auf den Schwanz, doch um ihre Klit intensiver zu stimulieren, musste sie wohl zu anderen Mitteln greifen, überlegte sie. Sie nahm eine Hand von ihrem Oberschenkel und schob sie zwischen ihre Beine. Mit den Fingerspitzen berührte sie vorsichtig ihr nasses Geschlecht. *O ja, genau dort*, dachte sie erregt. *Genau dort …*

Richard machte eine Bewegung mit seinen Hüften, die Peggy nach Atem ringen ließ. Denn auf einmal steckte seine Eichel in ihrer Spalte und weitete sie. Es fühlte sich unglaublich gut an, deshalb hob Peggy nur leicht ihr Becken und half mit ihrer Hand ein wenig nach, sodass der lange Schaft tiefer in sie glitt. Peggy spürte, wie er eindrang und sämtliche andere Empfindungen in den Hintergrund treten ließ. Sie konnte sich nur noch auf das konzentrieren, was dort zwischen ihren Schenkeln geschah. Langsam senkte sie sich ab, bis Richards Schwengel tief in ihr steckte. Und dann begann sie, sich auf ihm zu bewegen.

***

Nina seufzte vor Lust. Ihr ganzer Körper war gestrafft wie eine Sehne. Den Kopf hatte sie zurückgelegt und die Finger in Richards Haarschopf gekrallt. Sie ritt auf seinem Gesicht, ritt auf seiner Zunge, die so gierig in sie hineinglitt und von ihr trank. Hin und wieder hob Richard seinen Kopf und presste seine Lippen auf ihre Möse. Danach steckte er seine Zunge noch tiefer in sie hinein und saugte kurz darauf an ihr. Es war so geil, dass Nina wünschte, es würde nie aufhören. Sie hätte den ganzen Tag so weitermachen können!

Richards Finger wechselten sich mit seiner Zunge ab. Beide streichelten intensiv ihre Kirsche und stießen in sie hinein. Nina gab begeisterte Jauchzer von sich. Richard stöhnte wie zur Antwort dumpf in ihre Spalte.

Ihr Höhepunkt nahte. Sie wusste es, sie spürte es, sie fühlte ihn kommen. Und trotzdem überraschte er sie, weil er so plötzlich da war. Sie ließ alles los, sie ließ sich gehen und merkte, wie ihre Möse sich zusammenzog und ihre Kirsche zuckte. Richard ließ seine Zunge in sie hineinschnellen und verstärkte den unglaublichen Orgasmus noch.

Nina stieß einen leisen Schrei aus. Ihr ganzer Körper verkrampfte sich. Sie fühlte Richards Finger in ihrer Muschi, bis ihr Höhepunkt allmählich verebbte.

***

Peggy glitt keuchend an dem harten Schaft auf und nieder. Sie hatte die Augen geschlossen und genoss in vollen Zügen die Massage in ihrer Spalte. Vor ihr hockte Nina zuckend auf Richards Gesicht. Der Anblick geilte Peggy noch mehr auf. Ihre Hand spielte an ihrer Kirsche, streichelte an der gierigen Lustperle entlang und stachelte sie im wahrsten Sinne des Wortes auf. Oder war es der Schwanz, der das tat?

Sie ließ die Hüften rotieren und spürte der Bewegung nach, die ihr Finger dabei vollführte. Mit schnellen Strichen rubbelte sie über ihre Klit. Die geschwollene Kirsche fühlte sich wie ein geiler Fremdkörper an, so als ob sie zu groß geraten sei. Aber eigentlich konnte sie gar nicht groß genug werden, dachte Peggy atemlos. Vielleicht würde sie weiterwachsen, je länger sie sich selbst streichelte.

Dieser Gedanke rief ihr kurz in Erinnerung, wie es überhaupt hierzu gekommen war. Vor wenigen Minuten hatten Nina und sie noch dort drüben gesessen und mit wachsender Erregung diesem Typen zugeguckt, wie er es sich selbst besorgte. Und jetzt waren sie hier, hüpften auf seinem Gesicht beziehungsweise seinem Schwanz herum und konnten es kaum noch abwarten, zum Finale zu kommen. Wobei, wenn sie das jetzt richtig mitbekommen hatte, dann war Nina gleich so weit.

Peggy spürte, wie ihre eigene Geilheit an eine Grenze kam. Sie wusste, wenn sie diese Grenze durchbrach, dann würde sie explodieren. Aber das wollte sie noch nicht; sie wollte diesen harten Schwanz noch länger reiten. Deshalb nahm sie ihren Finger von ihrer Möse und hielt inne.

Das dumpfe Stöhnen des Mannes, dessen Gesicht zwischen Ninas Schenkeln verborgen war, schien Peggy aufzufordern, weiterzumachen. Sie lächelte.

»Gleich, mein Süßer. Gleich geht es weiter«, flüsterte sie und wartete trotz ihrer pochenden, prickelnden Möse noch ein paar Sekunden länger. So lange, bis sie merkte, dass das schmerzhafte, verlangende Ziehen sich zurückzuziehen schien.

Sie setzte sich wieder in Bewegung. Spürte wieder die auflodernde Geilheit und diesmal war sie schneller da. Vor ihren Augen begann Nina zu zucken. *Es ist so geil*, dachte Peggy glücklich. Sie fühlte sich so leicht, so schwebend, als ob nichts ihr je etwas anhaben könnte. Ihre Hüften bewegten sich wie von selbst, sie musste nichts weiter dazu tun. Ihre Finger strichen über die riesige Kirsche und verursachten ein Feuerwerk in ihrem Kopf, das Peggy immer lauter keuchen ließ.

Sie explodierte. Ihre Spalte zog sich um Richards Schwanz fest zusammen und massierte ihn. Es war so intensiv, dass er einen dumpfen Schrei von sich gab und augenblicklich in ihr abspritzte. Peggy spürte die geile Sahne, wie sie sie füllte, während sie selbst über ihm zuckte und bebte, und dabei ein begeistertes Jauchzen von sich gab.

***

»Mädels, ihr seid der Wahnsinn! Wenn es möglich wäre, würde ich am liebsten gleich noch einmal …«, sagte Richard und lächelte bedauernd auf seinen etwas geschrumpften Schwanz hinab, der selbst in seinem erschlafften Zustand noch beeindruckend aussah.

Nina grinste und dachte bei sich, dass sie ebenfalls noch mal reiten wollte, aber diesmal auf seinem Schwanz. *Aber warum eigentlich nicht*, überlegte sie kurz darauf.

»Wie wäre es denn mit morgen?«, fragte sie mit einem unschuldigen Augenaufschlag.

Peggy nickte eifrig. »Ja! Morgen!«

»Morgen? Ist das euer Ernst?«, fragte Richard begeistert. Er saß bequem auf seinem Badetuch und verschränkte die Arme über den Knien. Die beiden Frauen knieten vor ihm.

»Ja, vorausgesetzt, die Leute dort drüben kriegen nicht wieder einen Anfall«, meinte Nina und deutete auf das ältere Ehepaar hin, das ständig zu ihnen hinübersah. Ihre Aktion zu dritt schien nicht völlig unbemerkt geblieben zu sein, denn die Frau redete empört auf ihren Mann ein und wies mit ausgestrecktem Arm auf Nina, Peggy und Richard. Der Mann aber schien völlig unbeeindruckt zu sein von dem Redeschwall. Er starrte mit einem sehnsüchtigen Gesichtsausdruck zu ihnen hinüber. Vermutlich wünschte er sich gerade, an Richards Stelle zu sein.

»Ach, die kommen oft hierher. Der Mann ist ein Spanner, und seine Frau kommt nur mit, damit er keine Dummheiten macht«, meinte Richard wegwerfend.

»Dann müssen wir ihnen morgen ja eine neue Show bieten«, sagte Peggy und lachte.

»Mit Vergnügen!«

Scharfer Gruppensex

Wie süß er doch aussah, dachte Romy und lächelte den jungen Mann, ihren Mitspieler, an. Die gegnerische Mannschaft hatte den Volleyball ins Aus geschossen. Romy hatte ihn geholt und übergab ihn dem süßen Typen, damit er ihn aufschlagen konnte. Sie waren erst am Anfang des Spiels, aber die anderen lagen bereits im Rückstand.

Die Sonne brannte vom Himmel und das Rauschen des Meeres wurde von den Schreien der Möwen und dem Gekreische von kleinen Kindern übertönt. Aber Romy hörte das schon gar nicht mehr. Sie war völlig auf das Spiel und auf den attraktiven Typen neben ihr fokussiert, mit dem sie gestern heimlich geknutscht hatte. Sie spürte seine Blicke auf ihrer Haut.

In ihrem Unterleib kribbelte es verheißungsvoll.

***

Vor etwas über einer Woche war sie aus dem Sauerland an die Nordsee gereist, um hier Urlaub zu machen. Die Semesterferien brauchte sie dringend, um durchzuatmen und sich von der Uni zu erholen. Ihre Eltern finanzierten diesen Urlaub, sonst hätte es nicht geklappt. Dafür hatte Romy sich, um Geld zu sparen, in der Jugendherberge einquartiert, weil es ihr nichts ausmachte, sich ein Zimmer mit mehreren Leuten zu teilen.

Das Vierbettzimmer war jede Nacht voll belegt, aber nur Romy und noch ein Mädchen in ihrem Alter blieben dauerhaft. Sie freundeten sich an.

Sina war eine hübsche Schwarzhaarige mit einem schmalen Gesicht und einer Stupsnase. Ihr etwas zu groß geratener Mund lächelte häufig. So wie Romy studierte sie in ihrer Heimatstadt und nutzte die Semesterferien für einen Kurzurlaub.

»Hast du eigentlich schon den FKK-Strand entdeckt?«, fragte Sina sie eines Abends.

»Nein! So was gibt es hier?«

»O ja! Und heiße Jungs sind dort auch!«, sagte Sina und lachte.

»Da will ich hin!«

Als sie am nächsten Morgen mit ihren Badetaschen zu besagtem Strand schlenderten, erklärte Sina Romy, dass dort Textilverbot herrschte.

»Man muss sich nackt ausziehen?«

»Ja, sonst musst du wieder gehen.«

Romy fand das spannend und hatte absolut nichts dagegen, sich der männlichen Welt in all ihrer Nacktheit zu präsentieren. Denn die Männer dort an dem Strand waren nicht nur ältere Herren mit grauen Haaren und einem dicken Bauch auf dünnen Beinen, sondern auch athletische, attraktive junge Typen in ihrem Alter gab es dort. Nackt.

Sina wurde von einem dieser braun gebrannten Männer angesprochen. Er hieß Florian.

»Hey, wir wollen Beachvolleyball spielen und suchen noch Leute, die mitmachen. Habt ihr beiden Lust?«

Sina sagte sofort zu, und Romy, die neben ihr auf dem Badetuch lag, willigte ebenfalls ein.

***

Florians Kumpel Diego begrüßte die beiden jungen Frauen mit einem strahlenden Lächeln. Er fand es super, dass sie mitmachten. *Das liegt bestimmt nicht nur daran, weil wir Volleyball spielen können*, schmunzelte Romy. Die musternden Blicke und das lüsterne Lächeln waren ihr nicht entgangen.

Das Spiel war wild, schnell und lustig. Romy bildete mit Diego eine Mannschaft, Sina mit Florian. Das Spielfeld war 8 mal 16 Meter groß und wurde von seitlichen Bändern begrenzt. In der Mitte befand sich ein über zwei Meter hohes Netz. Es war mühsam, sich auf dem Sand zu bewegen, nach oben zu springen, um den Ball von den Gegnern entgegenzunehmen oder blinzelnd gegen die Sonne zu spielen. Aber Diego und Florian brachten die beiden Mädels ständig zum Lachen, sodass sie oft kichernd eine Pause fordern mussten.

Von da an spielten sie jeden Tag zusammen.

Romy fand es interessant zu sehen, wie die Schwengel von Florian und Diego sich bewegten, wenn die jungen Männer hochhüpften, um den Ball zurück in das gegnerische Feld zu schmettern. Dann beobachtete sie fasziniert, dass diese Schwänze für einen kurzen Moment wie erigiert aussahen, bevor sie wieder schlaff nach unten hingen. Wobei, so richtig schlaff schienen die nie zu sein. Romy hatte manchmal den Eindruck, dass die beiden Typen sie und Sina ebenfalls beobachteten. Vor allem, wenn sie beide nach oben sprangen und ihre Brüste hüpften. Das alles hinterließ ein unruhiges, köstliches Kribbeln in ihrem Unterleib, obwohl es sich wie selbstverständlich anfühlte, nackt am FKK-Strand Beachvolleyball zu spielen.

Dann kam der Abend, an dem Diego sie küsste.

In der Nähe der Jugendherberge waren bunte Stände aufgebaut worden, von einer Tribüne erscholl laute Musik und bunte Lichterketten reihten sich aneinander. Florian und Sina liefen vor ihnen, sie wollten sich ein Eis kaufen. Diego zog Romy einfach hinter einen der Stände, umarmte sie und presste ihr seine Lippen auf den Mund.

Sie war sofort Feuer und Flamme.

Ihre Lippen erwiderten den Kuss hingebungsvoll. Sie wurden beide immer leidenschaftlicher, Diego schob sogar seine Hand unter ihr knappes Top und massierte ihre Brüste. Romy drückte sich an ihn. Sie spürte seine Erektion in der Shorts, wollte sie gerade massieren, als eine Stimme sie beide rüde unterbrach.

»He! Verschwindet sofort von hier! Das hier ist kein Puff, ist das klar?«

Es war der Standbetreiber, der sie vermutlich keuchen gehört hatte.

Romy und Diego machten, dass sie von dort wegkamen. Sina und Florian stießen in den nächsten Minuten auf sie, fragten, wo sie gesteckt hätten und leckten an ihrem Eis. An diesem Abend gab es dummerweise keine Möglichkeit mehr, sich zurückzuziehen, was Romy sehr bedauerte. Florian und Diego übernachteten bei einer Tante von Florian, einer bereits betagten Frau, die streng darauf achtete, dass in ihrem Haus alles mit rechten Dingen zuging.

Irgendeine Möglichkeit muss es aber geben, dachte Romy und wusste nicht, dass Diego in diesem Moment über exakt das gleiche Problem nachdachte.

***

Am nächsten Nachmittag trafen sich die Vier erneut an dem FKK-Strand. Romy lächelte Diego an, der grinste zurück, traute sich aber offensichtlich nicht, sie mit einem Kuss zu begrüßen. Stattdessen wanderten seine Augen begehrlich über ihren nackten Körper. Romy drückte ein wenig ihre Brüste raus, weil sie unter seinem Blick anschwollen.

»Auf geht's!«, rief Florian, der in dem gegnerischen Feld stand. In den letzten Tagen hatten sie alle sich gesteigert. Mal hatten Romy und Diego gewonnen, ein anderes Mal Sina und Florian. Die Siegermannschaft wurde von den anderen dann zu einem Eisbecher eingeladen.

Sie spielten häufig mindestens drei Spiele, um wie beim Tennis den endgültigen Sieger festzustellen. Nach einer längeren Pause, in der sie ihre Eisbecher verputzten, fingen sie wieder an.

Florian hielt den Ball zwischen seinen Fingerspitzen.

»Ich habe einen Vorschlag!«, verkündete er. »Heute spielen wir mal nicht um Eis, heute darf sich die Siegermannschaft irgendwas wünschen!«

»Zum Beispiel Eis?«, sagte Diego und grinste.

»Oder eben was anderes.«

»Cool!«

»Gute Idee!«

Sie begannen zu spielen. Florian hatte den ersten Aufschlag, weil er und Sina am Vortag das letzte Spiel verloren hatten. Er stand an der Grundlinie, sprang hoch und schmetterte den Ball zu Romy. Sie nahm ihn über Kopf an, pritschte ihn zu Diego, er gab ihn zu ihr zurück und Romy griff an, indem sie weit nach oben hüpfte und den Volleyball diagonal in Richtung Sina schmetterte. Beim Beachvolleyball legten sie die Regeln lockerer aus als die Mannschaften, die professionell an Olympiaden teilnahmen. Schließlich sollte die Sache Spaß machen.

»One Point!«, ertönte Diegos lachende Stimme, der einen Schiedsrichter nachahmte.

In den folgenden drei Sätzen gingen Romy und er in Führung, dann holten Sina und Florian auf, bis sie einen Gleichstand hatten.

Romy verfolgte atemlos, wie Florians Muskeln spielten, wenn er den Ball pritschte oder mit vorgestreckten Armen in die Knie ging, um ihn zu »baggern«. Er stand ihr gegenüber auf der anderen Seite des Netzes und war völlig auf das Spiel fokussiert. Dabei merkte er ausnahmsweise mal nicht, dass Romy ihn verstohlen beobachtete.

Sie war immer noch scharf auf Diego, weil er sie am Vorabend so überraschend geküsst und seine Hand unter ihr Top geschoben hatte. Nur die Unterbrechung durch den Standbetreiber hatte sie daran gehindert, sich von ihrem Mitspieler an Ort und Stelle vögeln zu lassen. Doch es hatte sie mit einer sexuell unbefriedigten Unruhe zurückgelassen, die sogar jetzt noch anhielt. Vielleicht wurde sie durch den Anblick des nackten attraktiven Florian auch verstärkt. Wer wusste das schon?

Romy war jedenfalls aufgedreht wie schon lange nicht mehr. Sie pushte ihre ganze Energie in das Spiel, bewegte sich blitzschnell und spielte besser als in den Tagen zuvor. Das merkte sie an den anerkennenden Blicken, die Diego ihr zwischendurch zuwarf. Wenn er lächelte, machte ihr Herz einen Satz. Außerdem spürte sie, wie er sie verstohlen von der Seite musterte, sobald sie eine 30-sekündige Pause einlegten.

»Was werden wir uns eigentlich wünschen, wenn wir gewinnen?«, fragte Romy ihn leise während einer dieser Pausen.

»Ich habe da schon eine Idee«, sagte Diego und grinste. »Aber lass uns erst einmal gewinnen!«

Sie hatten den Aufschlag. Romy machte ihn aus dem Stand heraus, der Ball flog über das Netz. Sina nahm ihn mit einem Schrei an, pritschte ihn sofort zurück, was Diego dazu veranlasste, sich in den Sand zu werfen, um ihn noch zu erwischen. Mittlerweile waren sie beim zweiten Spiel. Romy und Diego hatten das erste gewonnen, bei diesem zweiten gingen die anderen in Führung.

»Au, verdammt!«, stöhnte Diego und rappelte sich auf. Romy war sofort bei ihm.

»Was ist?«

Er grinste schief.

»Nichts Schlimmes, der Sand ist bloß härter als gedacht!« Er untersuchte seine Rippen, streifte den Sand von seiner Haut und Romy starrte fasziniert auf die gut definierten Muskeln seines Bauches. Weiter nach unten traute sie sich nicht zu gucken, obwohl sie sich dazu mühsam beherrschte musste. Sie stand so dicht neben Diego, dass sie seinen männlichen Duft riechen konnte. Es war eine Mischung aus Duschgel und seinem Schweiß. Romys Sinne schienen urplötzlich äußerst geschärft zu sein, denn Diegos Geruch ließ ihre Brüste anschwellen und zwischen ihren Beinen prickelte es.

Sie trat einen Schritt zurück, um wieder klar im Kopf zu werden.

»Alles okay bei euch da drüben?«, fragte Sina von der anderen Seite des Netzes.

Diego nickte. Er schien nicht bemerkt zu haben, was seine Nähe in Romy ausgelöst hatte.

»Alles gut. Gibt bloß ein paar blaue Flecken. Also, es kann weitergehen.«

Sie setzten das Spiel fort. Romy blieb nicht verborgen, dass Diego jedes Mal leise ächzte, wenn er hochsprang, um den Ball zu blocken. Ansonsten ließ er sich nichts anmerken.

Aber selbst dieses Ächzen elektrisierte Romy.

Als das zweite Spiel vorbei war, waren alle atemlos. Entweder sie hatten die Hände in die Hüften gestützt oder standen vornübergebeugt, mit den Händen auf den Knien, um Luft zu schöpfen. Romy warf einen verstohlenen Blick zu Diego hinüber. In dem späten Licht der Nachmittagssonne schien ein goldener Schimmer seinen braun gebrannten, nackten Körper zu umhüllen. Seine Haut glänzte, weil sowohl das duftende Sonnenöl als auch leichter Schweiß sie bedeckten. Romys Augen wanderten tiefer zu dem Teil, das zwischen Diegos Beinen baumelte und an das sie seit gestern unentwegt dachte.

Sina und Florian flüsterten leise miteinander und standen dicht beisammen. Romy schnappte nur Wortfetzen auf. Die beiden schienen sich einig zu sein, was sie sich wünschen würden, wenn sie gewannen. Falls sie gewannen.

Das dritte und letzte Spiel war entscheidend, obwohl Romy noch immer keine Ahnung von Diegos Idee hatte, was er sich als Sieger wünschen wollte. Aber es musste etwas richtig Cooles sein, sonst würde er sie nicht so aufmunternd ansehen und anfeuern, mit den Worten: »Jetzt geht es um alles, Romy! Gib dein Bestes, ja?«

»Und was wünschen wir uns?«, fragte sie noch einmal in dem Versuch, ihn zu einer Aussage zu bewegen. Aber er grinste nur und warf ihr einen seltsamen Blick zu, der ihr durch und durch ging. Sie musste ihm wohl oder übel vertrauen, dachte sie und richtete sich auf. Außerdem hatte sie ja wohl ein Mitspracherecht.

Sie waren bereit, das letzte Match zu beginnen. Alle tranken noch einen kräftigen Schluck aus ihren Wasserflaschen, die am Rand des Spielfeldes im Sand standen. Dann stellten sie sich auf.

Diego schlug den Ball in das gegnerische Feld. Florian nahm ihn an, baggerte ihn zu Sina rüber, die ihn über das Netz pritschte –

zu Romy hin. Sie warf sich mit ausgestreckten Armen nach vorn und landete hart auf dem Bauch. Doch sie erwischte den Ball, er berührte den Sand nicht, sondern sprang von ihren Unterarmen ab und glücklicherweise zu Diego hinüber, der ihn mit Schwung über das Netz zu Sina hinüberbugsierte. Sie erreichte ihn nicht, weil sie zu verdutzt war über Romys Showeinlage.

Damit hatten sie den ersten Punkt.

Romy war stolz auf sich. Wenn Diego hier alles gab, dann würde sie das auch tun. Im Laufe des Spieles wuchs sie über sich selbst hinaus. Sie huschte über den Sand, konzentrierte sich völlig auf den Ball und reagierte blitzschnell, sodass Diego oft eine perfekte Vorlage für einen Schmetterball erhielt. Außerdem blockten sie häufig die Angriffe der anderen dicht am Netz bereits ab. Auf diese Weise lagen sie bald in Führung. Ihr Punktestand war kaum noch einzuholen.

Trotzdem kämpften Florian und Sina verbissen um jeden einzelnen Punkt und damit um jeden einzelnen Aufschlag. Romy fühlte sich bald in eine unreale Wirklichkeit versetzt. Einerseits war sie völlig auf diesen Ball fokussiert, andererseits nahm sie jede einzelne Bewegung überdeutlich wahr, spürte Diegos keuchenden Atem neben sich, wenn er aufschlug, sah die beiden Gestalten auf der anderen Seite des Netzes hüpfen, springen, nach vorn eilen, die Arme heben und sich bewegen, als seien sie lediglich Schatten. Dazu mochte das Gegenlicht beitragen, das sie in diesem Augenblick hatten. Die Sonne neigte sich dem Horizont zu und warf ein Glitzern auf die sanften Wellen des Wassers.

***

Der FKK-Strand hatte sich nahezu geleert. Die meisten Leute zogen sich an, packten ihre Sachen zusammen und strebten zu ihren Autos oder zu Fuß in die Stadt, um sich in einem der unzähligen Restaurants ein leckeres Abendessen zu gönnen. Nur Sina, Florian, Romy und Diego waren in ihr Spiel vertieft, das zunächst fast verbissene Ausmaße annahm. Doch als sich abzeichnete, dass Diego und Romy gewinnen würden, grinste Florian und wurde locker. Sina begann zu kichern, als ihr Ball wieder im Aus landete.

»Nur noch ein Punkt, Leute!« Diego lachte siegesgewiss. »Eigentlich könnten wir auch gleich aufhören und euch die Niederlage ersparen!«

»Damit sie später behaupten, sie hätten ja doch noch gewinnen können?«, sagte Romy und schmunzelte. »Den einen Punkt schaffen wir doch auch noch.«

»Du hast recht.«

Diego warf den Ball in die Luft, sprang hinterher, traf ihn mit dem Unterarm und schmetterte ihn auf diese Weise mitten in das gegnerische Spielfeld. Sina und Florian blickten verblüfft auf die Stelle zwischen ihnen, wo er gelandet und dann davongehüpft war. Dann guckten sie sich an und lachten laut los. Diese Stelle in der Spielfeldmitte wurde nicht umsonst als Husband-and-Wife-Zone bezeichnet – denn wenn der Ball hier landete, musste man blitzschnell absprechen, wer ihn annahm. Sonst fühlte sich keiner zuständig und überließ die Schlacht seinem Mitspieler, der genauso dachte.

Florian und Sina schütteten sich jetzt aus vor Lachen, weil ihnen genau das passiert war. Außerdem fiel die Anspannung von ihnen ab, und das Herumgealbere und Gelächter tat ihnen gut. Romy und Diego stimmten mit ein. Sie klatschten sich gegenseitig lachend ab.

»Okay«, japste Florian und bemühte sich, nicht wieder loszuprusten, »ihr habt gewonnen. Was wünscht ihr euch denn?«

Diego wandte sich Romy zu.

»Na, jetzt bin ich wirklich gespannt«, sagte sie grinsend. »Was wünschen wir uns denn nun?«

Sie bemerkte, dass Diegos Augen leuchteten. Er beugte sich zu ihrem Ohr und flüsterte ihr was zu. Sie spürte seinen warmen

Atem auf ihrer Schulter. Doch noch vielmehr spürte sie, wie ihr ganz heiß wurde. War das sein Ernst?

»Also?«, rief Florian von der anderen Seite des Netzes.

»Moment!«, antwortete Diego und sah Romy bittend an.

»Komm schon«, sagte er leise. »Du willst es doch auch?«, fügte er mit einem charmanten Lächeln hinzu, als er ihr Zögern bemerkte.

Romy konnte ihn nur anstarren. Er musste bemerkt haben, wie sie ihn in den kurzen Pausen während des Spiels angesehen hatte. Musste gespürt haben, dass sie seit gestern an kaum etwas anderes denken konnte als an das. Ihr Zögern bedeutete nicht, dass sie es nicht wollte – im Gegenteil, nichts wollte sie mehr als das! –, sondern dass sie völlig sprachlos war, weil er diese Sache zu mehreren vorschlug.

Als sie sich wieder gefasst hatte, nickte sie mit einem leichten Erröten. Sein Duft umhüllte sie so wie vorhin und er hatte die gleiche Wirkung: Sie wurde geil.

Diego dankte ihr mit einem strahlenden Lächeln und wandte sich den anderen zu, die darauf warteten, dass die Sieger endlich ihren Preis verkündeten. Er kam etwas dichter zu dem Netz, damit er nicht so laut rufen musste.

»Wir wollen Sex!«

***

»Äh …«, sagte Sina verdutzt. »Ihr wollt WAS?«

»Sex. Mit euch. Gruppensex also. So richtig geil.«

Sinas Augen wanderten zu Romy hinüber, die lächelnd zurücksah und als Zeichen ihrer Übereinstimmung nickte.

Florian legte den Kopf schief. Die Worte waren noch immer nicht ganz bei ihm angekommen. Er stand neben Sina und fragte: »Und was ist mit Romy? Will sie das auch?«

»Ja!«, bekräftigte sie laut und deutlich. »Das ist unser Preis. Also?« Romy trat neben Diego, der nun einen Arm um ihre nackten Schultern legte. Sie schmiegte sich an ihn und grinste lüstern.

Als Florian die Geste sah, blickte er Sina an und winkte sie mit dem Kopf ein Stück von den anderen weg. Wieder hörte Romy die beiden flüstern, doch was sie spürte, lenkte sie ab. Diegos Haut war heiß und die Muskeln darunter hart. So hart vielleicht wie sein Schwanz, wenn er voll ausgefahren ist, überlegte Romy und riskierte einen Blick nach unten. Dann atmete sie tief durch. Diegos Schwengel war bereits halb erigiert.

»Du kannst es wohl kaum erwarten«, murmelte sie.

Er beugte sich zu ihr hinunter – er war mindestens 15 Zentimeter größer als sie – und gab ihr einen leidenschaftlichen Kuss.

»Seit gestern nicht mehr«, raunte er.

Sina und Florian kamen wieder näher und schienen zu einer Einigung gekommen zu sein.

»Okay.«

»Okay?«

Sie nickten. Erst jetzt fiel Romy auf, dass die beiden sich an den Händen hielten. Wie süß!

»Nur: Wo?«, fragte Florian jetzt und sah Diego an. »Hier ist überall Sand – das ist ziemlich unbequem, oder?«

Diego grinste.

»Du vergisst, dass deine Tante heute Morgen zu ihrer Schwester gefahren ist.«

Florian bekam große Augen.

»Du hast das eingeplant?«

»Erst, als ich gestern Abend davon erfuhr!«

***

Das Haus der Tante lag nur 800 Meter von dem FKK-Strand entfernt. Oft genug regte die ältere Frau sich über all die »Nackerten« auf dem Sand auf, weil sie von ihrer Terrasse einen direkten Blick auf den Strand hatte. Die vier jungen Menschen schnappten sich schnell ihre Taschen, den Volleyball und die

Wasserflaschen und steuerten auf das Haus zu. Romy lief Hand in Hand mit Diego, hinter ihnen gingen Florian und Sina her.

Romy war wie elektrisiert. Sollte es jetzt wirklich so weit sein? Würde das, was am Vorabend geschehen war, endlich seine Fortsetzung erhalten? Ihre Knie waren schon ganz weich.

Als sie das Grundstück erreichten, brach gerade die Dämmerung herein. Florian ging vor, zog Sina an der Hand hinter sich her und führte die kleine Gruppe durch ein niedriges Gartentor auf die Terrasse, auf der zwei Liegen und vier Stühle samt einem Tisch aus dunklem Holz standen. Dort angekommen, blieb Romy zitternd vor Erwartung stehen. Sie war kaum noch fähig, sich zu rühren. Seit dem gestrigen Abend war sie unterschwellig erregt. Und wenn sie in der aufkommenden Dunkelheit richtig sah, dann ging es mindestens Diego genauso. Er trat auf sie zu, beugte sich über sie und streifte mit seinen Lippen ihre Schulter. Sie schloss die Augen. Sein männlicher Körper presste sich an sie, sein Ständer wuchs zwischen ihre Schenkel und seine heiße Haut fachte das Feuer in ihr zusätzlich an.

Als ob dies das Stichwort gewesen wäre, zog Florian die hübsche Sina an sich und streichelte ihren Rücken, während er sie küsste. Kleine Lampen, die strategisch in den umliegenden Blumenrabatten verteilt waren, gingen langsam an und erhellten die Szene. Romy vermutete, dass da irgendeine Zeitschaltuhr im Spiel war, doch das war ihr in diesem Moment egal. Für sie gab es nur noch diesen Duft von Diego, seinen harten Ständer, die leuchtenden Augen und das charmante Lächeln, als er begann, mit den Fingern an ihren Nippeln zu spielen. Aus dem Augenwinkel bekam Romy mit, dass Florian Sina mit sich auf eine Liege zog, dann konzentrierte sie sich völlig auf ihr Gegenüber.

Sein Körper war perfekt. Die Haut war glatt und heiß, die Bauch- und Brustmuskeln wohldefiniert. Mit den Fingerspitzen fuhr Romy über seine Lenden. Als sie seinen Schwanz berührte, zuckte Diego leicht zusammen und lächelte.

»Nicht so eilig, meine Schöne«, raunte er und schob sie auf die zweite Liege zu. »Zuerst möchte ich das tun, was gestern so unschön unterbrochen wurde …«

Seine Hände drückten Romy auf die Liege, dann ging er vor ihr auf die Knie und sah sie an. Spontan beugte sie sich vor und küsste ihn. Seine Hand schob sich zwischen ihre Knie und wanderte hinauf bis zu ihren Oberschenkeln. Genau dort, wo es schon die ganze Zeit zog und prickelte, spürte Romy seine Fingerspitzen. Sie öffnete ihre Beine weiter. Seine Finger kreisten auf ihrer feuchten Spalte, sie suchten den Eingang und fanden ihre Kirsche, die sich ihm gierig zwischen den glatten Schamlippen entgegenreckte.

Romy keuchte in Diegos Mund und bewegte ihr Becken. Seine Finger schlüpften in ihre Möse hinein. Dadurch konnte sie sich an ihnen reiben. Sie wurde gierig und stöhnte, während sie auf diesen glitschigen Fingern ritt, die sich ihr so bereitwillig zur Verfügung stellten. Lieber noch hätte sie sich auf Diegos Schwanz gesetzt und diesen geritten, aber das hier war mindestens ebenso gut. Außerdem ging Romy davon aus, dass seine Finger in ihrer Spalte lediglich ein Anfang waren.

***

Von der anderen Seite der Terrasse her drang wollüstiges Stöhnen zu ihnen hinüber. Florians Kopf bewegte sich zwischen Sinas weit gespreizten Schenkeln. Sie lag rücklings auf der Gartenliege, hatte die Augen geschlossen und den schönen Mund halb geöffnet, aus dem jetzt Lustlaute drangen, je länger Florian sich mit ihrer Möse beschäftigte. Ihre runden festen Brüste ragten mit erigierten Nippeln in die Höhe.

Diego wandte kurz den Kopf zu ihnen hinüber, dann sah er Romy an.

»Möchtest du das auch?«, fragte er neugierig und legte den Kopf schief.

Romy nickte verlegen. Der Anblick von Florians Kopf zwischen den Schenkeln ihrer Mitbewohnerin machte sie sehr an.

Diego erhob sich, schob eine Hand auf ihren Rücken und küsste sie, während er sie langsam nach hinten auf die Gartenliege sinken ließ. Romy hob ihre Beine und legte sie auf der Liege ab, dabei streichelte sie mit einer Hand diesen herrlichen harten Ständer, der sich so heiß in ihre Handfläche schmiegte. Doch Diego entzog ihn ihr kurz darauf und kniete sich zwischen ihre Schenkel. Nach einem letzten Blick auf ihr Gesicht beugte er sich vor. Zwei Sekunden später spürte Romy seine Zungenspitze, die breit über ihr Geschlecht leckte und sämtliche anderen Empfindungen in ihr ausschaltete. Romy stöhnte. Sie konnte sich nur noch auf das konzentrieren, was diese Zunge mit ihr machte.

Diese glitt zwischen ihre mittlerweile geschwollenen Schamlippen, die sich sofort bereitwillig öffneten. Romy stöhnte begeistert, denn Diego flatterte mit seiner Zungenspitze über ihre Kirsche, dann presste er seine Lippen auf die Lustperle und saugte kurz daran. Dadurch, dass er es nur kurz tat, ließ er sie mit einem schmerzhaften Verlangen zurück.

»Bitte, mach das noch einmal!«, keuchte Romy.

Wieder saugten die Lippen sich an ihrer Nässe fest, dann streifte die Zunge intensiv über die Klit. Romy stieß einen keuchenden Schrei aus.

»Das gefällt dir, hm?«, murmelte Diego in ihre Spalte und wiederholte die Aktion. Romys Reaktion schien wiederum ihm zu gefallen, denn er intensivierte die Bewegung seiner Zunge, indem er sie tief in ihre Muschi schob und sie darin bewegte. Es war fantastisch, fand Romy.

Sie wölbte begeistert ihren Rücken. Dann nahm sie Diegos Hand und legte sie sich auf ihre geschwollene Brust. Sofort bewegten sich die kräftigen Finger und kneteten ihr Fleisch, sie zwirbelten ihre Nippel und zupften daran. Romy spürte, wie die geile Lust zwischen ihre Schenkel schoss und sich dort in Lichtgeschwindigkeit weiter aufbaute.

Von der Liege nebenan drang nun rhythmisches Keuchen zu ihnen hinüber. Romy wandte den Kopf und sah, wie Sina den langen Schwanz von Florian zwischen ihre Lippen einsaugte. Dann zog sie den Kopf zurück und leckte hingebungsvoll über die pralle Eichel. Florian starrte auf Sina hinab und bewegte seine Hüften. Das Keuchen drang aus seinem halb geöffneten Mund.

Das wollte sie auch endlich tun. Mit Diego.

Aber der ließ sie kaum zu Atem kommen. Sein Mund bewegte sich geschickt auf ihrer Spalte. Er spitzte die Lippen und saugte an der harten Kirsche, bis Romy kurz vor der Explosion stand. Sie schrie begeistert auf. Diego schien genau zu wissen, wie weit er sie reizen konnte, denn jedes Mal, wenn Romy glaubte, im nächsten Moment zu kommen, hörte Diego auf, sie zu lecken. Er quälte sie mit diesem Spiel und schien es zu genießen. Sie war ihm hilflos ausgeliefert und gierte danach, endlich zum Höhepunkt zu kommen. Jedes Mal, wenn Diego sie wieder leckte, stöhnte sie.

Als er wieder seinen Finger in ihre Spalte steckte, bäumte sie sich auf und stieß einen lauten Schrei aus. Ihr Orgasmus überflutete sie wie ein Tsunami. Ihre Möse zog sich heftig zusammen, während der Finger darin immer weiter zustieß und sie nicht zur Ruhe kommen ließ. Diego kniete zwischen ihren Schenkeln und beobachtete erregt, wie Romy ihren Höhepunkt zelebrierte, die Hand an ihrer nassen Spalte. Als sie etwas ruhiger wurde, grinste er und zog seinen Finger aus ihr.

***

»Du bist dran!«, lächelte Romy, nachdem sie wieder alle Sinne beisammenhatte. Sie setzte sich auf. Diego hockte neben ihr und beobachtete sie interessiert, als sei sie ein Versuchsobjekt.

Eigentlich hatte sie erwartet, dass er sich sofort auf sie stürzen würde, noch während sie gekommen war.

»So?« Er hob amüsiert die Augenbrauen und blickte sie an. Sie nickte energisch.

»Und was hast du vor?«, meinte er schelmisch.

»Das wirst du schon sehen. Steh auf!«, verlangte sie. Diego stand auf und stellte sich bereitwillig vor sie hin. Seine Latte ragte ihr ins Gesicht. Ihr lief bereits das Wasser im Mund zusammen, als sie die schöne, dicke Eichel und den hübschen, geraden Schaft vor Augen hatte. Vorsichtig umfasste sie den heißen Stab, öffnete den Mund und leckte über das winzige Loch an der Spitze, aus dem klare Tropfen rannen.

Diego keuchte auf und bewegte wollüstig seine Hüften. Romy nahm seine Eichel zwischen ihre Lippen und umkreiste sie mit der Zungenspitze. Dann begann sie, daran zu saugen und sah Diego von unten an. Sein Gesicht war vor Lust verzerrt, seine Augen starrten auf sie runter und aus seinem Mund drang lautes Keuchen.

Romy wandte den Kopf ein wenig zur Seite, während sie an dem heißen Schaft knabberte.

Denn von der anderen Liege drangen eindeutige Laute zu ihnen rüber. Florian stand hinter Sina, die sich vornübergebeugt auf dem Polster der Gartenliege abstützte. Sie drängte sich an Florians Lenden, er hielt ihre Hüften gepackt und vögelte tief in sie.

Der Anblick geilte Romy wieder auf.

Überhaupt musste sie feststellen, dass ihr Orgasmus sie noch nicht komplett befriedigt hatte. Und eigentlich wollte sie doch diesen Schwanz reiten, der sich gerade in ihrem Mund befand.

Sie saugte nochmals an der Spitze, dann ließ sie ihn los und drehte sich um, kniete sich auf das Polster und wackelte verführerisch mit ihrem Hintern.

»Fick mich!«, sagte sie.

Diegos Hände krallten sich in ihre zarte Haut und hielten ihre Hüften ebenso fest, wie Florian es bei Sina tat. Seine Eichel drängte gegen ihre pochende Spalte, dann schob sie sich hinein.

Romy stöhnte begeistert. Danach hatte sie sich seit dem Vorabend gesehnt!

Sein Schwanz weitete sie und glitt immer tiefer. Wieder spürte Romy das heiße Verlangen. Sie war so glitschig, dass Diego mühelos in sie eintauchte.

Seine Bewegungen wurden heftiger. Romy wandte den Kopf und sah Florian und Sina beim Vögeln zu, während Diego sie fickte.

Als Sina kam, stieß sie einen begeisterten Jauchzer aus. Florian presste sich in sie und warf den Kopf zurück. Sein Keuchen klang angestrengt, und Romy stellte sich vor, wie sein heißer Saft Sina ausfüllte.

Sie selbst war noch nicht so weit. Diego stöhnte jetzt und glitt in ihr hin und her. Die Lust stieg in ihr und erfüllte ihr ganzes Sein. Sie bewegte ihre Hüften, drängte sich Diego entgegen und keuchte immer lauter.

Sie kamen gleichzeitig.

Das lang gezogene Stöhnen aus Diegos Mund mischte sich mit dem lustvollen Keuchen von Romy. Sie spürte, wie der Höhepunkt durch ihren Körper rauschte, während der heiße Saft sie ausfüllte. Das Zucken ihrer Möse schien nicht enden zu wollen, denn sie molk jeden Tropfen aus dem harten Schwanz.

***

Florian stand neben ihnen und grinste.

»Was haltet ihr davon, wenn wir tauschen – damit wir euch Sieger gebührend ehren!«, schlug er verschmitzt vor.

Romy hatte sich vornüber sinken lassen. Ihr Atem beruhigte sich nur langsam. Sie wandte den Kopf und sah zu ihrem Erstaunen, dass Florians Schwengel hoch erhoben war.

»Das ist eine gute Idee«, stimmte Diego zu. Er setzte sich in Bewegung und ging zu Sina hinüber, die ihn lächelnd begrüßte.

Florian dagegen streichelte lüstern Romys Rücken, bis sie sich zu ihm umdrehte.

Seine Latte ragte ihr entgegen.

»Du bist wahnsinnig heiß«, stellte er leise fest. Seine Hände strichen über Romys Brüste und liebkosten sie. Ihre Nippel wurden erneut hart. Florian beugte sich zu ihren Lippen und küsste sie verlangend.

»Und es wird mir eine Ehre sein, der Siegerin jeden Wunsch zu erfüllen«, raunte er.

Romys Atem ging schneller.

»Das klingt sehr vielversprechend«, sagte sie kokett.

»Wonach wäre dir denn?«, fragte Florian und grinste.

Romy stand auf. Seine harte Latte erregte sie, was sie selbst wunderte. Aber wer war sie, dass sie so ein Angebot ausschlagen könnte?

»Leg dich hin«, sagte sie und deutete auf die Liege.

»Sofort, Ma'am!«

Florian nahm Platz und legte sich auf den Rücken, dabei verschränkte er seine Arme hinter dem Kopf und lächelte Romy erwartungsvoll an.

»Gut so?«

Sie nickte. Dann schwang sie ein Bein über seine Hüften und spürte, wie seine dicke Eichel ihre Spalte streifte. Romy ließ ihr Becken rotieren und rieb sich lustvoll an Florians Schwanz, benetzte den Schaft über die ganze Länge mit ihrem Saft und spürte dem gierigen Prickeln ihrer Kirsche nach, die wieder erwacht war. Florian beobachtete sie aus halb geschlossenen Augen. Sein Grinsen wich einem lüsternen Gesichtsausdruck, je länger sie sich an ihm rieb.

Mit der Zeit schien er es nicht mehr auszuhalten, denn plötzlich packte er sie, hob sie ein wenig hoch und senkte sie auf seinen Stab hinab. Er drang in sie ein, pfählte sie mit seinem harten Schwanz und hielt sie fest, bis er tief in ihr steckte.

Romy schnappte nach Luft. Sie hielt Florians Hände fest, während ihre Hüften kreisten und sie sich all das von ihm holte, was sie wollte. Sie ritt ihn mit begeisterten Jauchzern und wölbte sich ihm entgegen, als sie kam. Sein Schwanz zuckte in ihr, während sie ihn mit ihrer Spalte auspresste.

***

In dieser Nacht trieben die vier es wild miteinander. Sie waren unersättlich, denn je häufiger sie miteinander vögelten, desto geiler schienen sie zu werden. Sie probierten alle möglichen Konstellationen aus – Frau mit Frau, Frau mit zwei Männern, zwei Männer mit einer Frau. Nur die beiden Männer fanden keinen Gefallen daran, es miteinander zu treiben.

Aber, so fand Romy im Nachhinein bei dem Gedanken an diese »Siegernacht«, das musste ja auch nicht sein. Dadurch bekamen Sina und sie die harten Schwänze häufiger zu spüren!

Im Rausch der nackten Verführung

»Süße, was ist denn los mit dir?«

»Er … er hat Schluss gemacht!« Lautes Schluchzen begleitete diese Worte, und das tränenüberströmte Gesicht wandte sich beschämt von Vera ab.

»Wann?«

»Vorhin. Per SMS!«

»Wie bitte?«

»Ja!«

***

Innerlich schüttelte Vera sich. Ihre Freundin saß heulend in ihrer Wohnung und hatte vor fünf Minuten an ihrer Tür Sturm geklingelt. Dann war sie an ihr vorbeigeschossen, bevor Vera sie hätte aufhalten können. Seitdem rannen die Tränen und Tamaras Augen waren rot geschwollen.

Der Typ, mit dem sie bis »vorhin« zusammen gewesen war, hatte Vera von Anfang an nicht gefallen. Er war ein unglaublich eitler Kerl, überheblich, arrogant und selbstverliebt. Und dann schaffte er es nicht einmal, mit Tamara persönlich zu reden und ihr zu erklären, wieso er die Beziehung zu ihr beendete. Stattdessen machte er durch eine Textnachricht mit ihr Schluss. Vera wurde wütend. Am liebsten hätte sie den Kerl bei den nicht vorhandenen Eiern gepackt und ihm rechts und links eine runtergehauen.

»Verdammter Mistkerl!«, entfuhr es ihr. Auch wenn sie diesen Macho nie sympathisch gefunden hatte, wünschte sie sich jetzt, er hätte das nicht gemacht. Jedenfalls nicht so. Sie wollte ihre Freundin nicht unglücklich sehen.

Andererseits war sie insgeheim froh, dass Tamara den Mann endlich los war. Es hatte Tendenzen gegeben, dass sie ihm hörig geworden war, und Vera hatte diese Entwicklung mit Argusaugen beobachtet. Ihre Freundin hatte ihrer Meinung nach etwas Besseres verdient, war jedoch unbelehrbar gewesen. Bis jetzt.

Tamara wimmerte und verbarg ihr Gesicht mit den Händen. Vera seufzte und betrachtete das Häuflein Elend auf ihrem Sofa. Sie stand auf und goss für ihre Freundin und sich selbst erst einmal ein Glas Weißwein ein, dann reichte sie der weinenden Frau das Glas und sah sie aufmunternd an.

»Auch wenn es sich gerade nicht so anfühlt, aber du wirst darüber hinwegkommen«, sagte Vera fest, hob ihr Glas und sprach einen Toast aus: »Auf das Leben!«

Tamaras Augen waren rot gerändert, und sie schniefte. Sie nippte an dem kühlen Wein, überlegte kurz, dann stürzte sie den Inhalt ganz herunter und hielt Vera das Weinglas auffordernd hin.

»Hey, mach langsam!«

»Du hattest völlig recht. Du hast gesagt, der Typ würde mich nur gängeln. Aber jetzt kann er mir nix mehr vorschreiben«, antwortete Tamara trotzig und deutete auf ihr Glas. »Mehr! Mir schreibt niemand mehr was vor!«

Vera goss noch einmal nach, dann brachte sie die Flasche in Sicherheit. Als sie zurückkehrte, fragte sie nach. Einfach um zu gucken, ob und was Tamara jetzt eigentlich kapiert hatte.

»Wie meinst du das, dass er dir nichts mehr vorschreiben kann?«

Tamara zuckte mit den Schultern.

»Wenn wir ausgingen, wollte er nicht, dass ich was trinke, damit ich ihn später nach Hause fahren konnte.«

»Und er hat gesoffen?«

Tamara nickte. »Außerdem war er ständig mit seinen Kumpels unterwegs. Aber wenn ich mal wegwollte, war er eifersüchtig und verlangte, dass ich daheimblieb. Ich war so blöde und habe nachgegeben …« Sie schluchzte auf.

***

Vera hatte sich solche Szenen schon gedacht.

»Sei froh, dass du ihn los bist«, rutschte es ihr raus. Woraufhin Tamara sofort wieder in Tränen ausbrach. Vera vermutete, dass ihre meistens vernünftige Freundin eigentlich der gleichen Meinung war wie sie, es aber nicht zugeben konnte. Es schmerzte eben, zurückgewiesen zu werden. Vor allem per SMS. Sie atmete tief durch, weil sie wieder wütend wurde. Sie sollte sich jetzt eher Gedanken um Tamara machen als um diesen Schuft. Er war es nicht wert, dass man überhaupt noch Zeit für ihn verschwendete.

***

Vera betrachtete die zusammengesunkene Frau mit den verweinten Augen und dem unglücklichen Gesicht. Was ihren Schmerz betraf, konnte sie Tamara gut nachfühlen, wie es ihr ging. Aber den totalen Blues wegen diesem Kerl zuzulassen, das verstand sie nicht. Wenn der Typ wenigstens noch nett und anständig gewesen wäre, dann sähe die Sache anders aus.

Was sollte sie jetzt mit ihrer hübschen Freundin anstellen, damit sie wenigstens ein bisschen von ihrem Liebeskummer abgelenkt war? Ihr Blick wanderte hinaus auf den Balkon. Draußen schien die Sonne, es war Juli und sehr warm. Sie könnten spazieren gehen, sich in ein Café setzen, an den Schaufenstern vorbeibummeln, sich jede ein hübsches, sexy Outfit kaufen und auf die Männer pfeifen. Jedenfalls auf die blöden.

Vera schlug ihrer Freundin all das vor.

»Guck mich doch mal an«, beschwerte Tamara sich. »Ich bin völlig verheult. So kann ich mich nicht sehen lassen!«

»Ich gebe dir meine Sonnenbrille und du machst dich im Bad frisch.«

Tamara schüttelte den Kopf, aber Vera blieb hartnäckig. Sie redete mit Engelszungen auf ihre Freundin ein, bis die sich ins Badezimmer trollte und wenig später mit etwas klareren Augen wieder erschien. Die Sonnenbrille setzte sie trotzdem auf.

Sie zogen los. Shoppen half noch immer gegen Liebeskummer, fand Vera und steuerte mit Tamara ihre Lieblingsboutiquen an. Doch es war mühsam, die Freundin zu einem süßen Kleidchen zu überreden, das ihr ausgezeichnet stand. Ebenso mühsam war es, sie in ein Café zu zerren und die Unterhaltung allein zu bestreiten. Vera vermutete, dass die zwei Gläser Wein Tamara etwas stiller als sonst machten. Hörte sie überhaupt zu, wenn Vera ihr was erzählte?

»… na ja, und dann hüpfte er einfach über den Mond und landete auf dem Mars, weißt du?«

Tamara bejahte mit einem: »Hmm.«

»Warst du schon mal dort?«

Tamara nickte.

So ging das nicht weiter, dachte Vera und beugte sich vor. »Hey! Aufwachen! Du hörst mir gar nicht zu – wo bist du?«

»Dort drüben steht er.« Tamara hatte den Kopf leicht gewandt, doch durch die riesige verspiegelte Sonnenbrille waren ihre Augen nicht zu sehen. Vera folgte überrascht ihrem Kopfnicken und sah tatsächlich deren Ex. Er saß lässig an sein Motorrad gelehnt am Rand des Platzes und unterhielt sich mit einem anderen Biker. Vera rückte den Stuhl energisch nach hinten und wollte aufstehen, um dem Kerl mindestens verbal eins reinzuwürgen. Aber Tamara schüttelte den Kopf.

»Nein. Das ist er nicht wert. Das wolltest du mir doch heute sagen, oder?«

Vera nickte.

Tamara Lippen bebten.

»Es tut bloß trotzdem so verdammt weh. Ich kriege Herzklopfen, weil er dort drüben steht, weißt du? Und demütigend ist es auch!«

»Ich weiß.« Vielleicht war es besser, ihre Freundin redete sich alles von der Seele. Dann bestand vielleicht eher die Chance, dass sie den Typen so schnell wie möglich vergaß.

***

Tamara übernachtete an diesem Abend bei Vera, weil sie nach dem Besuch in einer Bar so hackedicht war, dass Vera sie lieber zu sich nach Hause bugsierte. Am Nachmittag und Abend hatte sie sich alles von der Seele geredet, ungewohnt viel Alkohol getrunken und war dann in diesen weinerlichen Zustand geraten, in dem alle um sie herum ihrer Meinung nach glücklich waren, nur auf sie würde es regnen. Jammernd verfing sie sich in einer Endlosschleife über ihr Unglück, bis es Vera reichte und sie Tamara zu sich nach Hause brachte und auf ihr Sofa bugsierte. Sie selbst hatte vorsichtshalber nur wenig getrunken und sämtliche Kerle abgewehrt, die Tamara oder sie anbaggern wollten. Allerdings hatte sich dadurch ein interessanter Gedanke in ihr geformt, wie sie ihrer Freundin helfen könnte, über ihren Kummer hinwegzukommen. Aber solange Tamara derart zugedröhnt vom Alk war, würde Vera sie vor Männern beschützen. Zumal die lallende Frau die Annäherungsversuche sowieso kaum mitbekam.

Am nächsten Morgen standen sie beide etwas verkatert auf. Tamara erinnerte sich kaum noch an den Abend zuvor, sie wusste nur, dass ihr Freund sie verlassen hatte, und saß dementsprechend trübsinnig vor ihrer Kaffeetasse. Die Brötchen rührte sie nicht an.

»Iss.«

»Kein Hunger.«

Vera hob eine Augenbraue.

Tamara seufzte. Und gab nach. Sie kannte Vera gut genug, um zu wissen, dass sie keine Ruhe geben würde, bis sie ein paar Bissen zu sich genommen hatte. Also gehorchte sie lieber.

»Ja, Mama«, sagte sie ironisch und biss in ihr Brötchen. Vera sah an ihr vorbei auf den Balkon hinaus und überlegte, wie sie ihre Freundin aufmuntern könnte. Draußen war es auch an diesem Tag sonnig und warm, nur winzige Schäfchenwolken zogen über den blauen Himmel. Außerdem war es Wochenende, was bei Tamara und ihr jedoch keinen Unterschied machte, weil sie zufällig zur gleichen Zeit Urlaub hatten.

Es ist genau das richtige Wetter, um baden zu gehen, sich in der Sonne zu aalen und zu flirten, dachte Vera. Kurz schweiften ihre Gedanken an den Strand, wo sie schon mit so manchen Typen heftig geflirtet und sich mit ihnen in das nächstgelegene Gebüsch verzogen hatte. Aber das würde Tamara in ihrem momentanen Zustand wohl kaum helfen.

Oder vielleicht doch?

Wieder kam ihr die Idee in den Sinn, die sie am vergangenen Abend hatte, als mindestens zwei Typen an Tamaras Wäsche wollten und sie anbaggerten, was das Zeug hielt. Tamara hatte jedoch gar nicht verstanden, was los war, und unwirsch reagiert. Aber vielleicht war ihre Idee das beste Heilmittel gegen den Liebeskummer, überlegte Vera und setzte ein Lächeln auf.

»Wir gehen heute an den Strand«, verkündete sie.

»An welchen Strand?«

»Ich zeige ihn dir.« Vera war sich sicher, dass ihre Freundin noch nie dort gewesen war.

»Aber ich habe keinen Bikini dabei«, sagte Tamara mürrisch und lustlos.

»Das macht nichts. Wir haben die gleiche Figur, du kannst einen von mir haben.« Den du jedoch nicht brauchen wirst, fügte Vera in Gedanken hinzu. Sie kannte ihre Freundin und ahnte, dass sie sich weigern würde mitzukommen, wenn sie ihr jetzt verriet, wohin sie sie bringen wollte. Aber wenn sie erst einmal dort waren …

»Ich weiß nicht«, sagte Tamara und stellte ihre Kaffeetasse auf den Tisch zurück. Traurig sah sie Vera an. »Ich fühle mich nicht gerade so, dass ich mich unter die Leute mischen könnte.«

Vera rollte innerlich mit den Augen. Das fehlte noch, dass Tamara sich in ihrem Selbstmitleid badete!

»Glaub mir, es wird dir gefallen und guttun!« Vera sprach so lange auf Tamara ein, bis sie nachgab und sich einen hübschen Bikini aussuchte.

Sie packten noch Badetücher, Handtücher, Wasser und Sandwiches ein, dann stiegen sie in Veras Auto und fuhren los. Tamara hatte nicht bemerkt, dass Vera auf ihre Badebekleidung verzichtete. Sie bekam auch kaum mit, wohin sie fuhren, weil sie blind durch die Windschutzscheibe starrte. Vera schlug den Weg zum Strand ein, stellte das Radio an und summte die Lieder, die gespielt wurden, leise mit.

Die Sonne brannte vom Himmel, und die Menschen waren sowohl auf dem Fahrrad unterwegs als auch zu Fuß. Spaziergänger strebten zu dem nahe gelegenen Park, Studenten radelten zum Schwimmbad und ein paar Autofahrer fuhren betont langsam, um den hübschen, leicht bekleideten Mädels hinterher zu gucken.

Als Vera in die Einfahrt zum Strand bog, schreckte Tamara auf, als sei sie die ganze Zeit über in Gedanken versunken gewesen. Sie sah sich um.

»Hier war ich noch nie«, stellte sie fest.

Ja, da bin ich mir sicher, dachte Vera und lächelte. Sie fand einen schattigen Parkplatz unter ein paar Bäumen und stellte den Motor ab.

»Komm, lass uns reingehen!«

Sie stiegen aus, holten den Korb mit ihren Sachen und schlossen das Auto ab. Vera achtete darauf, dass Tamara neben ihr herging. Sie befürchtete, die Freundin würde sonst die Flucht ergreifen, wenn sie herausgefunden hatte, wo sie hier gelandet waren.

***

Das Areal war ziemlich weitläufig und bot sowohl durch die dicht stehenden Baumgruppen als auch durch die großen Büsche Schatten. In der Nähe des Clubhauses standen Liegen, ansonsten konnte man sein Badetuch auf dem dichten Gras ausbreiten und sich darauflegen. In der Mitte des Geländes glitzerte ein kleiner See, in dem man sich erfrischen konnte. Vera lief mit Tamara vom Eingang aus einen gekiesten Weg entlang, dann traten sie auf die Grasfläche hinaus. Sie hörte, wie Tamara nach Luft schnappte und erstarrte.

»Aber … die sind ja alle nackt hier!«

Vera grinste und nickte.

»Ja.«

»Aber … wieso das denn?«

Vera musste eigentlich nichts antworten, denn an Tamaras Gesichtsausdruck war abzulesen, dass sie allmählich begriff. Sie waren an dem neu eröffneten FKK-Strand.

Vera konnte sehen, dass Tamara alles andere als begeistert war. Ganz im Gegenteil, sie zog die Augenbrauen zusammen und holte tief Luft, um ihr, so vermutete Vera, in deutlichen Worten mitzuteilen, was sie hiervon hielt. Vera wappnete sich innerlich für das zu erwartende Donnerwetter und wünschte, ihre Freundin hätte dem Ex-Macho ordentlich die Meinung gesagt. Aber das Geschimpfe blieb aus.

Denn Tamara starrte mit aufgerissenen Augen ein paar Männer an, die nackt auf einem Volleyballfeld spielten. Sie waren sehr durchtrainiert, mit breiten Schultern und starken Rückenmuskeln sowie hübschen, knackigen Hintern. Und das, was dort zwischen ihren Schenkeln baumelte, konnte sich ebenfalls sehen lassen. Vera folgte Tamaras Blick und grinste, weil ihre Freundin keinen Ton herausbrachte.

»Komm, wir suchen uns ein hübsches Plätzchen«, sagte Vera und schlenderte in die Richtung des Spielfeldes. Sie war sich sicher, dass Tamara ihr folgte, deshalb drehte sie sich nicht um. Als sie in der Nähe eines Gebüsches angekommen war, an das sie sich nur allzu deutlich und vor allem gerne erinnerte, stellte sie den Korb ab, holte beide Badetücher raus und breitete sie auf dem Gras aus. Dann zog sie sich ohne Scheu den kessen Minirock und das Top aus, legte beides ordentlich zusammengefaltet auf das Gras, fügte Slip und BH hinzu und setzte sich anmutig.

Tamara war ihr gefolgt und konnte kaum die Augen von den ballspielenden Männern lassen. Ihr Gesicht war sanft gerötet, was Vera zufrieden registrierte. Sie war sich jetzt sicher, dass ihr Vorhaben gelingen könnte. Aufmunternd klopfte sie auf den Platz neben sich.

»Komm. Zieh dich aus. Von hier aus haben wir einen guten Blick. Auf alles«, sagte sie und betonte die letzten Worte. Sie vergaß bewusst zu erwähnen, dass man die anderen Nudisten tunlichst nicht anstarren sollte. Das wäre ihrem Plan nicht förderlich gewesen.

Tamara gehorchte wie in Trance. Sie zog ihre Sachen aus und warf sie achtlos neben sich. Zum Vorschein kam ihr schlanker, hübscher Körper mit den kleinen, festen Brüsten und den schmalen Hüften. Sie setzte sich so, dass sie die Typen auf dem Volleyballfeld gut beobachten konnte.

***

Ihr Interesse blieb nicht lange unbemerkt. Die vier Männer, die sich gegenseitig den Ball zuwarfen, bekamen trotzdem mit, was um sie herum geschah. So fiel es nach spätestens zehn Minuten auf, dass dort eine hübsche Blonde nackt auf ihrem Badetuch saß und zu ihnen hinüberstarrte. Ein dunkelhaariger Typ stupste seinen Mitspieler an und deutete grinsend zu Tamara hinüber. Als sie es bemerkte, reckte sie trotzig das Kinn und wandte kurz den Kopf in eine andere Richtung. Doch da sie wieder die große Sonnenbrille von Vera trug, konnte sie ungeniert aus den Augenwinkeln die attraktiven Kerle beobachten.

Tamara war zunächst geschockt gewesen, als sie bei ihrer Ankunft erkannte, wo Vera sie hingebracht hatte. Sie wollte schimpfen und sich auf dem Absatz umdrehen, weil sie sich manipuliert fühlte – und das von ihrer besten Freundin. Aber als sie die nackten hübschen Kerle erblickte, klappte sie den Mund wieder zu. Denn sie spürte genau, dass sie hier goldrichtig war. Der Anblick der Männer mit den knackigen Hintern ließ ein gewisses Interesse in ihr erwachen. Nur deshalb sagte sie nichts und folgte Vera zu dem Platz neben dem Gebüsch, von wo aus sie die nackten, attraktiven Typen beobachten konnte.

Vor allem der Blonde hatte es ihr angetan. Er sah ihrem Ex sogar ein wenig ähnlich, aber er war es definitiv nicht. Außerdem war sein Grinsen viel sympathischer und er guckte immer wieder zu ihr hinüber, nachdem sein Kumpel ihn auf sie aufmerksam gemacht hatte.

Tamara vergaß, dass ihre Freundin neben ihr saß, so konzentriert starrte sie die Typen an, deren Schwengel jede Bewegung mitmachten und außerordentlich appetitlich aussahen.

Dann schien das Spiel beendet zu sein, denn die Männer johlten und lachten, dann löste die kleine Gruppe sich auf. Tamara war zunächst enttäuscht, dann bekam sie vor Schreck einen Schluckauf: Der Blonde kam direkt auf sie zu!

»Hey. Hast du Lust, mit mir an die Bar im Clubhaus zu gehen?«

Tamara spürte eine Bewegung neben sich. Das musste Vera sein, die ihr zu verstehen geben wollte, dass sie die Einladung annehmen sollte. Aber Tamara brauchte nicht lange zu überlegen. Sie nickte und lächelte den Typen an.

»Ja.«

Sie stand anmutig auf und lief neben dem Blonden her, der sie nach ihrem Namen fragte und sich dann selbst vorstellte. Sie fühlte die neugierigen, brennenden Blicke von Vera auf ihrem Rücken. Aber die waren ihr in diesem Moment egal.

***

Vera sah ihrer Freundin und dem blonden Mann hinterher und lächelte zufrieden. Später, wenn Tamara wieder da war, würde sie sie ausfragen. Denn insgeheim hoffte sie, dass der Blonde ihre Freundin nach Strich und Faden durchvögeln würde – so, wie er es mit ihr auch schon gemacht hatte.

»Hallo, Vera. Lange nicht mehr gesehen. Wie geht es dir?«, hörte sie eine angenehme, männliche Stimme neben sich. Sie drehte sich lächelnd um.

Wie schön, dass es noch anständige Männer gab, die sich ihren Namen merken konnten und gewillt waren, einen guten Fick abzuliefern, dachte sie und begann zu flirten.

***

»Was für ein ungewöhnlicher Name«, sagte Tamara. Ihr Begleiter grinste.

»Ich weiß. Ich muss ihn oft mehrmals nennen und dann auch noch buchstabieren.«

»Grischa. Echt krass.«

Aus der Nähe sah er noch besser aus. Tamara musterte Grischa von der Seite und bewunderte erneut das Sixpack an seinem Bauch und die gebräunte Haut, unter der die Muskeln spielten. Sein Gang war lässig. Verstohlen wanderte ihr Blick zu seinem langen Schwanz. Der gefiel ihr am besten, wie sie sich eingestehen musste. Insgeheim überlegte sie, wie sie den blonden Grischa verführen könnte. Angesichts all der nackten Frauen um ihn herum musste er doch abgehärtet sein? Aber apropos hart … Sie wollte seinen Schwanz einfach zu gerne hart sehen.

Tamara ging neben dem braun gebrannten Grischa auf das Clubhaus zu, auf dessen Terrasse eine Bar aufgebaut war. Erst als sie die Barhocker sah und die Menschen, die auf ihren Handtüchern darauf saßen, merkte sie, dass sie kein Tuch mitgenommen hatte. Das war ihr peinlich.

»Oh! Ich habe kein Handtuch dabei«, sagte sie und wurde verlegen.

»Das macht nichts. Wir müssen uns nicht hinsetzen, ich habe auch keines mitgenommen«, sagte Grischa locker und bestellte für sie beide zwei Martini. Er reichte Tamara eines der Gläser, erhob seines und prostete ihr lächelnd zu.

Sie unterhielten sich über den Club, den Strand und das Nudistendasein an sich. Tamara erklärte ihm, dass sie noch nie an einem FKK-Strand gewesen sei, was ihn erstaunte.

»Komm mit, ich zeig dir was«, sagte er und nahm einfach ihre Hand, als sie ihre Gläser ausgetrunken hatten.

Seine Berührung fühlte sich völlig natürlich und vor allem angenehm an. Wieder kribbelte es in Tamaras Unterleib. Sie folgte Grischa.

***

Er führte sie hinter das Clubhaus, wo einige Büsche wuchsen und ein kleiner Sandweg von dem Gebäude wegführte. Dort zog er Tamara an sich. Sie schnappte überrascht nach Luft. Das

Kribbeln in ihr verstärkte sich jedoch und konzentrierte sich jetzt zwischen ihren Schenkeln.

»Das wolltest du doch, oder?«, raunte Grischa in ihr Ohr. Seine Lippen streiften ihren Hals und ihr Schulterblatt, dann presste er ihr seine Lippen auf den Mund und küsste sie mit tiefen Zungenschlägen.

Tamara bekam keine Luft mehr. Sie spürte Grischas Hände auf ihrem Rücken, wie sie weiter hinunterwanderten und ihren apfelförmigen Po umfassten. Das Kribbeln in ihrer Möse wandelte sich in geile Feuchtigkeit um. O ja, das wollte sie, dachte sie und erwiderte seine Küsse. Sie wollte ihn.

Sein Mund machte sie atemlos, deshalb löste sie sich von ihm und sank in die Knie. Was sie noch viel lieber wollte, war, seinen Schwanz zu probieren. Er war mittlerweile hart und reckte sich ihr entgegen. Tamara leckte sanft über die zitternde Spitze, dann öffnete sie die Lippen und stülpte sie über die Eichel. Sie schien in ihrem Mund weiter anzuschwellen. Ihre Zunge tupfte in das kleine Loch und umschlang gierig den Schaft. Grischa starrte sie von oben an und bewegte langsam seine Hüften.

»O ja, das machst du richtig gut«, sagte er heiser.

Tamara leckte seinen Schaft ab, hob ihn mit einer Hand hoch und saugte seine Eier in ihren Mund.

Grischa schien es nicht mehr auszuhalten. Er packte sie an den Oberarmen und zog sie hoch. Dann lehnte er sie gegen die Gebäudewand, senkte seinen Kopf und saugte ihre Nippel in seinen Mund.

Tamara warf den Kopf zurück und stöhnte. Das Prickeln in ihrer Spalte war unerträglich. Sie hob ein Bein und legte es an Grischas Hüfte. Er hielt es fest.

»Du bist wahnsinnig sexy«, stellte er erregt fest. Seine Zunge kreiste um ihre Brustwarzen. Dann hob er den Kopf und drängte sich zwischen Tamaras Schenkel. Seine Eichel rieb an ihrer Spalte. Und sein Mund küsste gierig ihre Lippen.

Sie war wie von Sinnen vor Geilheit. Mit einer Hand half sie nach, damit Grischas Latte endlich den Weg in ihre Möse fand. Er schob sich langsam in sie hinein; sein Schwanz bahnte sich den Weg zwischen ihre Schamlippen und massierte ihre Spalte. Tamara drängte sich an seinen muskulösen Körper. Ihr Stöhnen klang wie ein Wimmern.

Als er sie hochhob, schlang sie beide Beine um seine Hüften und klammerte sich an seinen Nacken. Sein Mund küsste ihre Lippen, ihren Kiefer, ihren Hals, während sein Riemen komplett in sie eintauchte und sie weitete. Tamara spürte, wie seine starken Hände ihren Hintern festhielten und sie auf seinem Schwanz bewegten. Er glitt in ihr hin und her, sie folgte seinen Bewegungen und versuchte, noch schneller zu werden. Sie wollte heftig durchgevögelt werden, denn ihre Möse brannte vor Lust.

»Fick mich«, flüsterte sie heiser. Sie brauchte es so sehr! Grischa stöhnte und packte sie fester, hob und senkte sie auf seiner Latte, doch sie hatten beide den Eindruck, als würde ihnen das nicht genügen.

»Runter. Umdrehen«, kommandierte er deshalb und hob Tamara so weit an, dass sein Schwanz aus ihr glitt. Dann setzte er sie ab und drehte sie blitzschnell mit dem Gesicht zur Wand. Sie stützte ihre Hände dagegen, als er ihre Hüften packte und sie an sich zog.

Sobald seine Eichel erneut in sie hinein pflügte, stieß sie ein sehnsüchtiges Wimmern aus. Ihre Spalte war so scharf auf ihn! Dabei kannte sie diesen Typen nicht einmal, hatte ihn lediglich beim Beachvolleyball beobachtet und wollte ihn unbedingt vögeln. So etwas hatte Tamara bis dahin noch nie erlebt.

Denn bisher hatte sie sich die Typen, mit denen sie einen One-Night-Stand absolvierte, sorgfältig ausgewählt. Es kam darauf an, wie eloquent und charmant sie sie ansprachen, wie humorvoll sie waren, wie attraktiv sie aussahen. Und selbst dann, wenn einer ihr gefiel, musste er sich noch ein wenig anstrengen, um sie rumzukriegen. Meistens ging sie mit demjenigen mit, und nach einer Nacht voller Leidenschaft verschwand sie auf Nimmerwiedersehen. Bis sie auf ihren Ex getroffen war. Er hatte eine geheimnisvolle Verwegenheit an sich, die sie magisch anzog. Sie hatte sich in ihn verliebt.

Aber das war von jetzt an vorbei, dachte sie verschwommen. Von jetzt an würde sie sich ihren Spaß holen, wo auch immer und mit wem sie wollte. Sie würde so viel trinken, wie sie wollte und auch sonst sich nach niemandem mehr richten.

Sie genoss den harten, heißen Schwanz in ihrer Spalte, der sich tief in ihr bewegte. Grischas Hände hielten ihre Hüften fest, und sein Stöhnen geilte sie auf. Tamara stemmte sich fester von der Wand ab. Sie ließ ihr Becken rotieren, spürte den Stab in sich, der sie intensiv massierte. Das Rauschen ihrer Lust wurde lauter.

***

Vera war mit dem Mann, der sie angesprochen hatte, hinter dem nahe gelegenen Gebüsch verschwunden. Mittlerweile war er ein alter Bekannter, denn an diesem FKK-Strand waren sie sich bereits öfter begegnet. Jedes Mal vögelten sie. Sie konnten einfach nicht anders. Dabei kannte Vera nur seinen Vornamen und wusste ansonsten nichts über ihn. Aber das brauchte sie auch nicht. Für sie war die Hauptsache, dass er gut ficken konnte.

Ohne es zu wissen, hatte sie fast die gleiche Stellung eingenommen wie ihre Freundin Tamara. Sie kniete auf allen vieren vor dem Mann und reckte ihm wollüstig ihren Hintern entgegen. Zuvor hatte er sie in dieser Stellung geleckt, bis sie es nicht mehr ausgehalten hatte. Dann setzte er seine Spitze an und griff nach ihren Hüften. Als er in sie eintauchte, ließ sie ein tiefes Stöhnen hören.

Doch so ganz konnte sie sich diesmal nicht auf diesen Fick einlassen, denn mit einem Ohr lauschte sie, ob sie Tamara hören würde. Sobald sie zurückkam, sollte Vera auf ihrem Platz sitzen. Sie wollte nicht gleich am ersten Tag, an dem ihre Freundin einen FKK-Strand besuchte, derart promiskuitiv erscheinen.

Ihr Bekannter keuchte im Rhythmus seiner Stöße. Er streichelte Veras Rücken, bewegte seine Hüften und fickte sie mit wechselnder Geschwindigkeit. *Er war schon immer gut, wenn es ums Ficken ging*, dachte sie verschwommen und stöhnte. Gleich beim ersten Mal, als sie miteinander gevögelt hatten, konnte sie das feststellen. Sein Schwanz schwoll in ihr an, er massierte ihre Spalte und ließ sie völlig vergessen, auf die Geräusche jenseits des Gebüsches zu achten. Ihre Lust wuchs mit jedem Stoß. Vera bewegte sich mit dem Stab in ihr. Der Mann versetzte ihr ein paar Klapse auf den nackten Hintern, die sehr wohldosiert waren. Der Schmerz schoss direkt in ihre Möse und ließ Vera lauter wimmern. Sie war so nass, so geil, dass sie bereits nach kurzer Zeit den Gipfel erreichte und zu schweben begann. Von dieser Position aus stürzte sie mit einem lang gezogenen Stöhnen in ihren Orgasmus. Vera war völlig berauscht von diesem Höhenflug. Ihre Möse zuckte und zog sich um den harten Schwanz wie ein Schraubstock zusammen, sodass ihr Bekannter wegen der intensiven Massage japsend explodierte. Seine heiße Sahne füllte sie.

Als sie fertig waren, bedankte Vera sich mit einem Lächeln und einem Kuss.

»Bis zum nächsten Mal«, verabschiedeten sie sich voneinander, der Mann ging breit grinsend davon, während Vera aufstand und zwischen den Zweigen hindurchlinste. Sie entdeckte, dass Tamara noch nicht zurückgekehrt war. *Umso besser*, dachte sie und trat hinter dem Busch hervor. Sie setzte sich möglichst unauffällig wieder auf ihr Badetuch und wartete.

Ihre Freundin schien sich gut zu amüsieren, dachte sie lächelnd. Zumindest hoffte sie das.

***

Tatsächlich stand Tamara eigentlich kurz vor ihrer Explosion. Sie achtete nicht mehr darauf, möglichst leise zu sein, sondern sie stöhnte und wimmerte vor Geilheit, obwohl Grischa sie keuchend ermahnte, doch etwas leiser zu sein. Aber auch er schien kaum noch an sich halten zu können, denn sein Keuchen wurde lauter. Er hielt Tamara von hinten fest und fickte tief in sie hinein. Sein Atem ging immer schwerer.

Doch obwohl er sie schneller und schneller vögelte, gelang es ihr nicht, endlich zu kommen. Es war, als ob etwas sie zurückhielte, als ob sie Hemmungen hätte, alles loszulassen. Sie kreiste mit den Hüften. Zusätzlich drängte sie ihren knackigen, nackten Hintern an Grischas Lenden und spürte, wie seine Eier mit jedem Stoß ihre nasse Spalte berührten. Sie hörte das Klatschen ihrer aufeinandertreffenden Körper und stemmte sich noch fester von der Wand ab. Sie beugte sich etwas weiter vor, damit sein hämmernder Schwanz ihre geschwollene Kirsche ebenfalls bediente. Aber es war, als wären die Nerven in ihrer Spalte übersensibilisiert und damit »immun« gegen die Reize, die Grischas Latte durch die intensive Massage sandte.

Tamara verzweifelte allmählich.

Ihr schien, als würde jemand ihr einen Leckerbissen vor die Nase halten und stets in dem Moment aus ihrer Reichweite bringen, wenn sie nah genug war, um ihn zu erhaschen. Ihr Wimmern wurde lauter.

Der blonde Mann hinter ihr schien genau zu wissen, was los war, denn er hielt plötzlich inne und holte tief Luft. Dann spürte Tamara seinen Arm, der sich um ihre Taille legte, und seine Hand, die unten über ihren flachen Bauch strich, bis sie zwischen ihren Schenkeln lag. Die Finger tasteten nach ihrer Möse.

Tamara öffnete ihre Beine etwas weiter und ging in die Knie, sodass Grischa besser an ihre Nässe drankam. Er lachte leise hinter ihr, als er ihre geschwollene Kirsche fand und mit einer

Fingerspitze darüber kreiste. Gleichzeitig schob er seine Hüften nach vorne und steckte wieder tief in ihr drin.

Es war ein unglaubliches, geiles Gefühl.

Sie schloss die Augen und ließ Grischa gewähren. Er begann wieder, in sie zu ficken, während sein Finger zielgerichtet ihre Klit bearbeitete. Der Rausch packte Tamara wieder, diesmal noch stärker als zuvor. Sie war blind vor Lust. Ihre Spalte brannte und prickelte, ihre Kirsche schwoll an, je schneller Grischa darüberstrich und je heftiger er in ihre Spalte stieß.

Diesmal spürte Tamara ihren Höhepunkt in einer Geschwindigkeit über sie kommen, die ihr den Atem raubte. Ihr Schrei wurde von der Hauswand zurückgeworfen. Ihr ganzer Körper bebte, während ihre Möse zuckte und krampfte. *Endlich*, dachte sie keuchend. Und Grischa stöhnte auf und ergoss sich tief in ihr.

***

Vera entdeckte Tamara erst, als sie nur noch wenige Schritte von ihrem Liegeplatz entfernt war. Sie schwankte leicht und sah etwas zerzaust aus. Ihre Wangen waren gerötet, und ein seliges Lächeln lag auf ihrem Gesicht. Die Augen glänzten.

Vera hob erstaunt und amüsiert die Augenbrauen. Sie tat, als wüsste sie nicht, was ihre Freundin in der letzten halben Stunde getrieben hatte.

»Süße, wo kommst du denn jetzt her?«

Tamaras Röte vertiefte sich. Sie setzte sich auf ihr Badetuch und gab einen abgrundtiefen, sehr zufriedenen Seufzer von sich. Vera begann zu lachen. Sie konnte nicht mehr länger ahnungslos tun.

»Du weißt also, wo ich war?«, fragte Tamara misstrauisch.

»Nein, nicht genau. Ich ahne nur, WAS du gemacht hast. Oder hast machen lassen, je nachdem, wie man es betrachtet«, sagte Vera und grinste.

»Ach ja? Und woher weißt du das, hm?« Tamara war sich noch nicht ganz sicher, ob ihr das, was gerade geschehen war, eigentlich peinlich sein sollte oder eher nicht. Da heulte sie zwei Tage lang ihrer Freundin die Ohren voll und ließ sich dann bei nächster Gelegenheit zu einem Fick abschleppen ... der wahnsinnig klasse gewesen war, das musste sie zugeben. Trotzdem. Was sollte Vera nun von ihr denken?

»Sagen wir, ich kann es dir ansehen und ich kenne Grischa«, sagte diese gerade schmunzelnd.

»Oh!« Tamara starrte ihre Freundin an. Dann erkannte sie, wie gut Vera diesen Grischa kannte, und stimmte in ihr Lachen ein.

Vera beglückwünschte sich selbst. Ihr Plan, Tamara mit diesem Manöver abzulenken, war ein voller Erfolg!

Erzähl mir was dich geil macht

Wenke warf ihrem Ehemann lächelnd einen Blick zu. Er stand an dem Fernrohr, das auf einem standfesten und mit dem Boden verankerten Stativ befestigt war, und starrte durch die Linse zum Strand hinüber. Sie selbst rekelte sich in ihrem knappen Bikini auf einer Liege und sonnte sich. Eigentlich könnte sie das bisschen Stoff auch ganz ausziehen, überlegte sie, um nahtlos braun zu werden. Und um Ilja einen gewissen Anreiz zu bieten. Wieder sah sie zu ihm hinüber. Er sah klasse aus, obwohl sie beide bereits über 30 Jahre alt waren. Ilja hielt sich fit und achtete auf seinen Körper genauso, wie Wenke selbst es tat. Die gemeinsamen Stunden in dem heimischen Fitnessstudio, das sie sich in ihrem Haus eingerichtet hatten, zahlten sich aus. Ihre Haut war straff, die Muskeln darunter gestärkt und leistungsfähig. Vor allem beim Sex, schmunzelte Wenke. Das Liebesspiel mit Ilja war äußerst anregend und anspruchsvoll. Auf dieser Ebene verstanden sie sich hervorragend.

***

Ihren Urlaub verbrachten Wenke und Ilja Berger am liebsten auf der Jacht. Sie schipperten irgendwo hin, wo es schön und warm war, sonnten sich auf Deck, liebten sich dort auch, gingen abends an Land in ein Restaurant und genossen die warmen Abende unter dem Sternenhimmel. Hin und wieder unternahmen sie Landausflüge an Orten, die sie noch nicht kannten, ansonsten genügten sie sich selbst.

Augenblicklich waren sie im Adriatischen Meer unterwegs und waren vor der Küste von Kroatien vor Anker gegangen. Das Wasser hier war herrlich klar, das Wetter ließ nichts zu wünschen übrig, und ihr starkes Fernrohr, mit dem sie oft den Strand beobachteten, sorgte für Unterhaltung.

»Was siehst du?«, fragte Wenke ihren Mann nun, weil sie bemerkte, dass er gar nicht mehr aufhören konnte, durch das Rohr zu starren.

»Ich sehe komplett nackte Menschen!«, antwortete er und drehte sich lächelnd zu ihr um.

»Wie meinst du das?«

»So, wie ich es sage. Dort am Strand trägt keiner einen Fetzen Stoff am Leib.« Er musterte seine attraktive Gattin und sein Blick verweilte anzüglich auf den winzigen Dreiecken, die sich über ihren Brüsten spannten. Wenke mochte es, wenn er sie so ansah.

»Ein FKK-Strand?«, folgerte sie und richtete sich auf.

Ilja machte eine Handbewegung zu dem Fernrohr hin, das an der Reling zusätzlich verschraubt war.

»Sieh doch selbst!«

Wenke stand auf und kam zu ihm rüber. Sie schaute durch das Fernrohr, ohne es zu berühren, weil sie wusste, dass Ilja es exakt ausgerichtet hatte. Durch die sanften schaukelnden Bewegungen der Jacht war es etwas mühsam, die Augen auf einen Punkt in der Ferne gerichtet zu halten, aber Wenke war mittlerweile daran gewöhnt. Nach ein paar Sekunden hatten sich ihre Augen fokussiert.

Tatsächlich lagen und saßen dort drüben an dem Sandstrand

nackte Menschen in allen möglichen Bräunungsgraden. Wenke sah nackte Brüste, sowohl flache als auch üppige, nackte Hintern, breite Schultern, schmale Hüften sowie einige reizvolle Anhängsel der Männer, die sie sich sofort in erigiertem Zustand vorstellen konnte. Wenke war erstaunt, wie ungeniert sich die Leute dort drüben gegenseitig musterten. Soweit ihr bekannt war, war es an einem FKK-Strand nicht gerade üblich, das andere Geschlecht zu taxieren und eine Fleischbeschau vorzunehmen. Es sei denn …

»Vielleicht ist das hier ein Sex-Strand«, murmelte sie und nahm den Kopf zurück, um Ilja anzusehen. Er schaute fragend zurück.

»Na ja, ich habe davon gehört«, erklärte sie grinsend. »Sex-Clubs mit Strand, an denen man es miteinander treiben könnte oder einfach erst einmal nur eine Wahl treffen, um sich dann zum Vögeln zurückzuziehen … Könnte doch sein, oder?«

Iljas Augen begannen zu leuchten.

»Meinst du?«

Wenke zuckte mit den Schultern.

»Genau wissen wir es nicht. Kann auch ein normaler FKK-Strand sein. Aber die Idee ist sehr … anregend …« Nun war sie es, die ihren attraktiven Ehemann, der in Badeshorts steckte, von oben bis unten lüstern zu mustern begann. Er grinste.

»Ich glaube, wir sollten das Geschehen dort drüben ein wenig beobachten, was denkst du?«, schlug er vor.

»Ich bin dabei!«

Wenke bückte sich leicht und sah wieder durch das Fernrohr. Sie bewegte es vorsichtig nach rechts, um sozusagen am Ende des Strandes mit ihrer »Fleischbeschau« zu beginnen. Sie fand es ziemlich aufregend, die nackten Kerle ungeniert begaffen zu können. Vor allem deren Schwengel.

***

Am rechten Ende des Strandes lagen zwei junge Typen in der Sonne. Mittlerer Bräunungsgrad, stellte Wenke fest, als sie das

Fernrohr scharf stellte. Und geile Bodys. Denn diese Jungs schienen regelmäßig ins Fitnessstudio zu gehen. Breite muskulöse Schultern, Waschbrettbäuche, lange Beine und schmale Hüften. Und was dort zwischen deren Schenkeln lag, war absolut nicht zu verachten. Wenke stellte sich unwillkürlich vor, wie die beiden Schwänze sich hart aufrichteten und wie sie selbst sich darum »kümmern« würde, um deren Härte zu erhalten …

»Erzähl mal, was du dir gerade anguckst«, sagte Ilja. Er hatte sich einen bequemen Stuhl herangezogen und saß nun lässig darauf, während er seine Frau beobachtete. Ihr schwerer gehender Atem war ihm nicht entgangen.

»Dort drüben sind zwei Sahneschnitten, die richtig heiß aussehen«, fing Wenke an. »Zwei junge Kerle liegen in der Sonne, durchtrainiert und mit interessanten Schwengeln zwischen den Beinen.«

»Ach ja?« Ilja hob amüsiert eine Augenbraue. In diesem Moment war er froh, dass er nicht eifersüchtig war, genauso wenig wie Wenke. Sie waren sich treu, trotz gemeinsamen Swingens und dass sie sich außerhalb ihrer Ehe – nur durch Gucken – Appetit holten.

»O ja. Die Jungs gefallen mir«, murmelte Wenke, während sie weiter durch das Fernrohr starrte. »Ich wüsste schon, was ich mit denen anstellen würde.«

»Und was?«

Wenke wandte kurz den Kopf zu ihrem Mann. Er saß immer noch lässig da, aber an seinem Blick konnte sie erkennen, dass es ihn aufgeilte, weil sie die jungen Typen anguckte. Und wenn sie ihm jetzt noch beschrieb, was ihr alles zu denen einfiel … Das Prickeln zwischen ihren Schenkeln verstärkte sich. Was konnte da nicht alles passieren?

Sie lächelte Ilja an, dann blickte sie wieder durch das Fernrohr und erzählte ihm detailliert, was sie am liebsten machen würde.

»Der ganz rechts zum Beispiel. Er hat ein hübsches Gesicht mit vollen Lippen. Auf die würde ich mich zu gerne draufsetzen und mich von ihm lecken lassen. Wenn ich mir die lange Zunge vorstelle, wie sie über meine Spalte streicht … und wie sie sich hineinschiebt …« Ihre Stimme klang plötzlich sehr träumerisch, denn die geile Hitze in ihrem Unterleib nahm zu.

»Und dann sein Kumpel links von ihm. Der Typ hat einen Schwanz, der in ausgefahrenem Zustand richtig riesig sein muss. Den würde ich reiten, bis er abspritzt, und dann dem anderen meine Möse anbieten, damit er das Werk sozusagen vollendet – wenn du verstehst, was ich meine?« Sie nahm die Augen von dem Fernrohr und sah ihren Mann an. Seine Hand lag in seinem Schoß, während er Wenke beobachtet und zugehört hatte. Auf seinem Gesicht lag ein lüsterner Ausdruck. Seine Finger bewegten sich.

Er streichelt seinen Schwanz, dachte Wenke erregt, weil sie die Bewegungen sah. Iljas Badehose sah mehr als ausgefüllt aus. Sie trat von dem Fernrohr zurück.

»Du bist dran«, sagte sie lächelnd und war sich bewusst, dass ihre Nippel durch den Stoff des knappen Bikinis stachen. Ilja stand auf und kam auf sie zu. Als er seine Hand von seiner Badehose nahm, konnte sie genau die Umrisse seiner erigierten Latte erkennen.

Allmählich wurde sie richtig geil auf ihn.

Ilja hob die Hand und fasste seine Frau um die Hüfte, beugte sich vor und gab ihr einen Kuss. Seine Augen lächelten. Doch als sie glaubte, er würde gleich über sie herfallen – was sie sich in diesem Moment sehr gewünscht hätte -, wandte er sich von ihr ab, um durch das Fernrohr zu gucken. Er bewegte es ein wenig und suchte den Strand ab. Währenddessen setzte Wenke sich auf seinen Stuhl und schlug die Beine übereinander.

»Und? Was siehst du?«, forderte sie ihn auf.

»Ich sehe eine blonde nackte Schönheit«, murmelte Ilja nach ein paar Sekunden. »Sie hat verdammt große Brüste, etwa so wie du. Sie liegt auf ihrem blauen Badetuch, ihre Nippel sind riesig und stechen geradezu in die Luft. O ja, die würde ich gerne nageln!«

Wenke starrte während seiner Schilderung auf die Stelle in Iljas Badehose, die sich vergrößerte. Mittlerweile war sie zu einer beachtenswerten Beule mutiert. Wenke rutschte unruhig auf dem Stuhl hin und her. Ihre Möse prickelte heftig. Sie spürte, wie ihr Höschen feucht wurde.

»Und wie würdest du sie nageln?«, wollte sie von Ilja wissen. Er schien sie selbst beschrieben zu haben, denn Wenke hatte ebenfalls große Brüste mit großen Nippeln. Und blond war sie auch. War es da ein Zufall, dass ausgerechnet diese Frau ihrem Mann gefiel? Wenke wusste, dass Ilja Blondinen mit großen Möpsen sexy fand. Ansonsten hätte er sie vermutlich kaum gewollt.

»Wie ich sie nageln würde?« Ilja tat erstaunt. Wenke wusste doch genau, was er mit ihr veranstaltete. Aber nach einem Blick in ihr erhitztes Gesicht musste er grinsen. Nun, sie hatte auch ihm den Gefallen getan und ihm beschrieben, was sie mit den jungen Typen gerne machen würde. Da war es nur recht und billig, wenn er das Gleiche tat.

»Ich würde ihre langen, gebräunten Beine spreizen und mich dazwischen knien. Dann würde ich mit einem Finger durch ihre Spalte gleiten, um zu prüfen, ob sie schon so weit ist. Wenn nicht, dann stecke ich meinen Schwanz zwischen ihre enormen Brüste und ficke sie dort. Und bei jedem Stoß müsste sie ihre Zunge rausstrecken und über meine Eichel lecken!«

Wenke konnte sich nur zu gut vorstellen, wie Iljas Latte sich zwischen ihren eigenen Brüsten anfühlte. Und wie er gekeucht hatte, als sie ihre rosa Zunge rausgestreckt und über die Spitze geleckt hatte, sobald sie sich zwischen ihren Titten rausgeschoben hatte. Die Vorstellung und die Beschreibung davon ließen sie unwillkürlich nach Luft schnappen. Ihre Hand verirrte sich auf ihre rechte Brust, wo sie langsam mit dem Daumen über den hart erigierten Nippel strich.

Der Bund von Iljas Badehose stand nun von seinem Körper ab, weil die sich darin befindende Latte komplett hart emporragte. Wenke hätte sich am liebsten auf ihren Mann gestürzt und ihn geritten. Aber dieses Spielchen, das sie gerade spielten, gefiel ihr.

»Erzähl weiter. Was würdest du dann tun?«

»Ich würde ihre Beine anheben und sie auf meine Schultern legen, damit ich bequem an ihre Möse rankäme. Und dann steche ich mit meinem harten Stab zu. Stell dir vor, wie ich in sie hineinschlüpfe, in sie eindringe, ganz langsam. Ihre Augen werden größer, sie streichelt ihre Brüste und fleht mich an, sie endlich richtig zu vögeln. Aber ich lasse mir Zeit. Mein Schwanz taucht tiefer und tiefer, bis ich komplett in ihr drinstecke. Und dann …« Ein wollüstiges Keuchen entfährt seinem Mund, und seine Hand greift in seine Badehose, um sich zu streicheln.

»Ich glaube, ich bin wieder dran«, versuchte Wenke, ihn abzulenken. Sie wollte nicht, dass er sich bis zum Erguss streichelte, sondern gerade so geil blieb, wie er es momentan war. Schließlich wollten sie ja beide nicht, dass er vorzeitig kam, nicht wahr? So dachte sie und erhob sich, um Ilja von dem Fernrohr wegzuschieben. Er machte ihr bereitwillig Platz und setzte sich wieder auf den Stuhl.

***

Wenke sah durch das Fernrohr und entdeckte tatsächlich die blonde, vollbusige Frau an dem Strand liegend. Sie schien nur wenige Jahre jünger als sie selbst zu sein. Wenke schwenkte das Fernrohr etwas weiter und entdeckte einen weiteren jungen Mann, der ihr gefiel. Dabei war er nicht einmal so attraktiv wie die beiden ersten Typen, die sie vorhin entdeckt hatte. Seine Haut war noch ziemlich blass, die Statur schlaksig und äußerst schlank, das Haar etwas zu lang. Aber sein Schwanz war sehr interessant. Anstatt schlaff zwischen den leicht geöffneten Beinen zu liegen, lag er halb erigiert auf dem rechten Oberschenkel.

»Uh, da ist aber jemand heiß«, sagte Wenke grinsend, während sie weiter beobachtete.

»Wie kommst du darauf?« Ilja schien sich beherrschen zu wollen, denn momentan verhielt seine Hand sich ruhig und lag auf seinem Bein.

»Da liegt so ein schlaksiger Kerl rum, ziemlich blass und eigentlich nicht mein Typ. Aber seine Latte sieht aus, als hätte sie gerne etwas mehr Abwechslung.«

»Hmm, das kann ich sogar nachvollziehen«, meinte Ilja mit heiserer Stimme.

»Jedenfalls liegt sein Schwanz so halb erigiert auf seinem Oberschenkel, als hätte er was gesehen, was ihn eigentlich anmacht, aber er traut sich nicht. O Junge, ich wüsste, was ich mit dem Burschen täte!«, sagte Wenke und räusperte sich. Diese Latte dort am Strand in ihrer Spalte, das wäre was, dachte sie und erinnerte sich, dass sie auch hier an Bord eine Latte zur Verfügung hatte. Die sogar bereits hart war, wenn sie die Situation richtig einschätzte. Und da war sie sich sicher.

»Und was?«

»Ich würde mich über ihn beugen und seine Eichel in meinen Mund saugen«, begann Wenke und warf Ilja einen lüsternen Blick zu, als er erregt nach Luft schnappte. Sie wusste genau, dass er sich das gerade an seinem Schwanz vorstellte. Das erregte sie selbst. Sie machte weiter, malte ihm detailliert aus, was sie tun würde.

»Meine Zunge kreist um die Spitze, bis ich meine Lippen weiter über den Schaft stülpe. Ich nehme ihn so weit wie möglich in meinen feuchten Mund auf. Meine Hände streicheln seine Eier, und ich lecke ihn von oben bis unten ab. Er wäre so hart, dass er sich kaum noch beherrschen könnte. Und kurz bevor er käme, würde ich mich über ihn schwingen und mich auf ihn setzen, damit er es schön heiß und eng hätte. Denkst du, das würde ihm gefallen?«, fragte sie zum Schluss mit einem unschuldigen Lächeln. Ihre Brüste waren geschwollen vor Erregung, ganz abgesehen von ihrer Spalte, die mittlerweile weit offenstehen müsste, so geil wie sie war.

Ilja knurrte lüstern, antwortete aber nichts, sondern warf ihr nur einen Blick zu, der ihr durch und durch ging. Wenn das hier nicht zum Schluss in einer wilden Fickerei endete, dann würde sie von jetzt an Josephine heißen, dachte sie.

Er stand auf und trat an das Fernrohr. Der Zustand seiner Badehose war unverändert: Sie war mit einer dicken Beule ausgestattet, die Wenke das Wasser im Mund zusammenlaufen ließ. Ilja beugte sich vor und sah durch das Rohr. Dann begann er zu erzählen, was er mit einer gewissen Rothaarigen und deren Freundin am liebsten machen würde. Wenke stand neben ihm und hörte an seiner Stimme, dass er kurz davor war, die Beherrschung zu verlieren.

»Diese Rothaarige mit ihrer schwarzhaarigen Freundin. Ich wette, die beiden sind lesbisch«, sagte Ilja und grinste. »Jedenfalls würde ich von ihnen verlangen, dabei zusehen zu dürfen, wie sie es sich gegenseitig machen. Ich stelle mir vor, wie die Schwarzhaarige zwischen den blassen Beinen der anderen hockt, sich vorbeugt und ihre Möse leckt, während ihre Finger sich bereits darin vergraben. Die Rothaarige zittert dabei vor Geilheit, und ihre Möpse wackeln dabei. Mann, was die für Nippel hat!«, bewunderte Ilja die Frau. »Es muss sich klasse anfühlen, sie in den Mund zu saugen …«

Wenke zitterte jetzt ebenfalls. Vor Geilheit. Sie war kurz davor, sich die Stofffetzen vom Leib zu reißen, die ihren Bikini bildeten. Sie trat ganz dicht an ihren Mann heran und berührte ihn mit ihren Brüsten. Er musste ihre harten Nippel an seinem

Oberarm spüren, denn er holte tief Luft und drehte sich mit erregt glänzenden Augen zu ihr um.

***

Im nächsten Moment zerrte er an den seitlichen Kordeln, die ihre Stoffdreiecke zusammenhielten, und warf die Bikinifetzen hinter sich. Wenke quietschte vor Lust und Vergnügen, als Ilja sich – endlich! – auf sie stürzte. Er drängte sie zu der Liege und schubste sie fast ein wenig grob darauf. Wenke zog ein wenig ihre langen Beine an, um eine verführerische Pose einzunehmen, während sie nicht aufhören konnte, auf seine Badehose zu starren. Sie griff nach dem Bund und zog ihn runter.

Ein prächtiger, gerade gewachsener und gierig harter Schwanz schnellte ihr augenblicklich entgegen. Wenke griff danach und stülpte ihre Lippen über die Eichel, an deren Spitze glasklare Tropfen herausquollen. Sie leckte sie ab. Ilja schob sich noch näher an sie heran und starrte auf seine Frau hinab. Mit geschickten Händen zog sie ihm die Badehose aus, streifte sie über die Oberschenkel bis hinunter zu den Knöcheln, sodass er nur noch die Füße anheben musste, um sie komplett loszuwerden.

Wenke vollführte mit ihrer Zunge genau die Akrobatik, von der sie Ilja zuvor erzählt hatte. Sie strich mit der Zungenspitze über das kleine Löchlein, dann umkreiste sie den Kopf der Eichel. Ihre Lippen saugten sanft daran, bis sie ihre Lippen weiter über den Schaft schob und ihre Hände die prallen Hoden liebkosten. Letzten Endes tat sie all das, was sie Ilja bereits mitgeteilt hatte, was sie mit den jungen nackten und attraktiven Männern dort drüben am Strand tun wollte. Dabei hatte sie sich jedoch den Schwanz und den Körper ihres Mannes vorgestellt.

Ihre Hand wichste sanft den harten Schaft, sie hob den Schwanz an und ihr Mund saugte die Eier in ihre warme, feuchte Mundhöhle ein. Wenke hörte das erfreute Japsen über sich und grinste innerlich. Bei all dem Verwöhnprogramm schien ihr geliebter

Ehemann zu vergessen, dass er noch etwas mit ihr vorhatte.

Doch als er sich ihrem gierigen Mund entzog, musste sie zugeben, ihn unterschätzt zu haben. Denn seine leuchtenden Augen starrten auf sie hinunter.

»Rutsch doch mal zur Seite«, knurrte er lüstern.

Wenke gehorchte. Ilja setzte sich neben sie, mit dem Kopf zum Fußende hin, dann zog er Wenke zu sich und gab ihr zu verstehen, sich auf sein Gesicht zu setzen.

Das tat sie mit wachsender Spannung. Sie schwang ein Bein über seinen Kopf und senkte langsam ihr Becken. Dabei ließ sie sich von seinen Händen führen. Sobald seine Zunge ihr nasses Geschlecht ableckte, schrie sie begeistert auf.

Ilja saugte sich geradezu an ihrer Möse fest und trank von ihr, während Wenke kaum noch wusste, wie sie hieß und zunehmend aus dem Häuschen war. Sie krallte ihre langen Finger in Iljas Haut und zitterte über seinem Gesicht, weil er nicht aufhörte, sie zu lecken und seine Zunge in ihre Spalte schnellen zu lassen. Dabei streifte er häufig ihre anschwellende Klit, die nicht genug von ihm bekommen konnte. Wenke war kurz davor, zu kommen. Sie ließ ihre Hüften kreisen und hing hilflos über ihrem Mann, sie war bereit zu explodieren und ihre Lust aller Welt lautstark mitzuteilen – da ließ Ilja sie plötzlich los und horte auf, sie mit seiner Zunge zu bearbeiten.

»Nein … nein! Nicht aufhören, nicht jetzt!«, flehte Wenke ihn verzweifelt an. Doch Ilja blieb unerbittlich. Er bestand darauf, nun den Platz zu tauschen. Wenn Wenke ihn nicht so sehr lieben würde, wäre sie in diesem Moment furchtbar wütend geworden. Doch so erhob sie sich seufzend, damit er aufstehen konnte.

Er grinste.

»Vertrau mir, meine Schöne!«, flüsterte er ihr zu. Diesmal war es an ihr, ihn anzuknurren. Er gab nichts darauf, sondern hieß sie, sich auf die Liege zu knien. Als er ganz nah an sie herantrat, sodass sein Schwanz sich auf der Höhe ihrer Brüste befand, ahnte sie, was jetzt kam. O ja. Das mochte sie auch. Vor allem, wenn Ilja dabei außer sich geriet.

Sie presste ihre Brüste etwas zusammen, und Ilja ging leicht in die Knie, um seine Latte dazwischenzuschieben. Seine Augen wurden dunkel, als sein Schaft in dieser »Höhle« verschwand. Und aus seinem Mund drang ein begeistertes Keuchen, sobald Wenke ihre Zunge rausstreckte, um seine Eichel damit in Empfang zu nehmen. Sie tauchte unter ihrem Kinn auf, Wenke beugte den Kopf und leckte schnell darüber.

»O Mann, ist das geil!«, stöhnte Ilja.

Wenke lächelte. Sie spürte, wie sein Schwanz sich etwas zurückzog und zwischen ihren feuchten, zusammengepressten Brüsten erneut nach oben auf ihr Gesicht zu glitt. Wieder leckte sie über die pulsierende Eichel und lauschte dem begeisterten Keuchen ihres Mannes. Er bewegte seine Latte noch ein paar Mal hin und her, jedes Mal von einem lauteren gepressten Stöhnen begleitet. Dann hielt er es nicht mehr aus und trat in Windeseile ein paar Schritte zurück, um sich vorerst zu beruhigen. Wenke lachte ihn an.

»Du bist wahnsinnig sexy, meine Schöne«, gestand Ilja ihr mit einem schiefen Grinsen.

»Das will ich doch hoffen«, gurrte sie und starrte begehrlich auf das Objekt ihrer Begierde. Sein Schwanz stand hart von seinem Körper ab und war exakt auf sie gerichtet. Wenke war hin- und hergerissen in ihrem Verlangen, ihren Mann jetzt bis zum Abspritzen zu reiten oder ob sie ihm lieber diese kleine Pause zugestehen sollte, damit ihr gemeinsames Vergnügen dafür noch länger währte. Bevor sie eine Entscheidung treffen konnte, atmete Ilja tief durch und trat wieder auf sie zu. Er lächelte.

»Und nun bist du wieder dran«, raunte er. Er beugte sich zu ihr hinunter und gab ihr einen Kuss, der ihr den Atem raubte. Seine

Zunge drang in ihren Mund ein und erforschte ihn ausgiebig, bevor er sich wieder von ihr löste und fragte: »Wie hättest du es denn gerne, meine Schöne? Von hinten oder von unten?«

Beides hatte einiges, was für sich sprach. Wenn Ilja sie von hinten fickte, dann vögelte er sie hart durch. Das brauchte sie wie die Luft zum Leben. Es ging nichts über einen geilen Fick, bei dem er sie heftig rannahm.

Von unten war ebenfalls eine der favorisierten Stellungen von Wenke. Denn dann konnte sie Ilja reiten, bis ihm der Saft ausging. Und er liebte es, dabei ihre hüpfenden Brüste zu begrapschen.

»Entscheide dich schnell«, knurrte er jetzt. »Ich will dich endlich ficken!«

Nun, dachte Wenke amüsiert, *das gibt den Ausschlag*.

»Von unten«, verlangte sie.

Ilja hob eine Braue.

»Sicher?« Es war ihm deutlich anzusehen, dass er die andere Variante bevorzugt hätte. Denn dabei hätte er die Kontrolle behalten. Aber Wenke dachte gar nicht daran, ihm diesen Gefallen zu tun. Hatte er sie nicht vorhin erst im wahrsten Sinne des Wortes in der Luft hängen lassen, als er aufgehört hatte, sie zu lecken?

»Absolut sicher!«, sagte sie nachdrücklich und stand auf, um ihm Platz zu machen. Ilja legte sich erneut auf den Rücken. Wenke betrachtete kurz den harten Schwengel, der ungeduldig in die Luft ragte wie ein kleiner Turm. Sie schwang ein Bein über Iljas Körpermitte und hielt seinen Schwanz dabei fest, bis er zwischen ihrer Möse und seinem Bauch eingeklemmt war. Dann begann sie, langsam ihr Becken vor- und zurückzubewegen. Sie rieb sich genüsslich an dem harten Schaft und starrte ihrem Mann dabei in die Augen.

»Was soll das?«, knurrte er ungeduldig.

»Vertrau mir«, schnurrte sie sanft und verstärkte ihre Bewegungen. Seine Augen wurden dunkel vor Lust. Als er schwerer atmete, erhob sie sich ein wenig und rutschte auf ihm herum, bis sie seine Spitze an dem Eingang ihrer Möse spürte. Dann senkte sie sich wieder ab. Sein starker Schwanz drang in sie ein. Ilja grinste lüstern.

»So gefällt mir das«, sagte er und wollte seine Hände auf ihre Hüften legen, um sie nach unten zu drücken. Aber Wenke schüttelte mit erhobenen Augenbrauen den Kopf und hielt seine Hände fest.

»Och komm schon!«, quengelte er. »Echt jetzt?«

»Aber so was von!«, sagte sie und lächelte. Murrend verlegte Ilja sich darauf, ihre Brüste zu massieren, was ihn innerhalb kurzer Zeit davon ablenkte, dass seine Frau nun die Herrin über seine Lust war.

Sie ließ ihre Hüften kreisen und genoss das heiße Prickeln ihrer Möse. Sie war so nass, dass Iljas Schwanz mühelos in ihr hin und her glitt. Dazu noch die gierigen Hände, die ihre Nippel zwirbelten und ihr Fleisch massierten … Ihre Lust wuchs. Die Hitze in ihr breitete sich aus und allmählich hatte Wenke das Gefühl, nicht nur von der heißen Sonne befeuert zu werden. Nein, auch die harte Latte in ihr machte sie völlig von Sinnen. Wenke versuchte mühsam, sich zu beherrschen und die Geilheit ihres Mannes zu steuern. Dessen Gesicht war gerötet vor Erregung, seine Augen glänzten und die Lippen waren halb geöffnet. Er stierte auf ihre Brüste, die vor seinen Blicken tanzten. Wenke spürte dieses verheißungsvolle Prickeln, das sich über ihren ganzen Körper zog. Alles in ihr war angespannt wie eine Bogensehne, die darauf wartete, sich lösen zu können und den Pfeil in sein Ziel zu schicken.

***

Doch dann kam der Punkt, an dem es kein Zurück mehr gab. Hätte jemand sie und Ilja auseinandergerissen, sie hätte ihn schlagen mögen, denn sie brauchte diesen Fick so dringend! Ihre

Spalte zog schmerzhaft gierig, weil der harte Stab in ihr arbeitete und mit jeder Bewegung ihrer Hüften neue geile Impulse wie einen Rausch durch ihren Körper sandte. Wenke bewegte sich immer schneller über Ilja, während der sich mit seinen Händen an ihren hüpfenden Brüsten erfreute und sie gierig mit seinen Augen verschlang.

Ihr gemeinsames Keuchen ging in ein Stöhnen über. Ilja versuchte, sein Becken beziehungsweise seinen Schwanz nach oben zu stoßen, aber Wenke ließ es nicht zu. Sie hielt seine Hände auf ihren Brüsten fest und klammerte ihre Schenkel an ihren Mann, drückte ihn auf diese Weise auf die Liege zurück. Das Pochen seiner Latte in ihr machte sie fast wahnsinnig. Sie schloss die Augen und warf den Kopf zurück. Es gab einfach nichts Geileres als das hier. Und sie wusste, dass Ilja es tief in seinem Inneren liebte, wenn sie die Führung übernahm und ihn ein wenig zappeln ließ. Es verlängere seine Lust, hatte er ihr mal erklärt. Selbst wenn er glaubte, es kaum noch aushalten zu können, würde sie ihn dazu bringen, noch länger hart zu bleiben. Sie allein sei dazu in der Lage, und dafür liebte er sie.

Um exakt diese Verlängerung zu erreichen, hörte Wenke mühsam atmend auf, sich zu bewegen. Sie hielt inne, spürte ihrer pochenden, prickelnden, verlangend ziehenden Spalte nach, die sich fest um Iljas Schwanz schloss. Ebenso fühlte Wenke, wie Ilja seine Fingerkuppen in ihre Brüste grub und sein Schwanz in ihr zitterte.

Ihr Mann schnaubte ungeduldig.

Als sie die Augen öffnete, starrte er sie an, fast empört darüber, dass sie einfach mittendrin aufhörte.

»Willst du mich in dir verhungern lassen?«, knurrte er düster. Wenke lachte.

»Du weißt ganz genau, dass ich das nicht fertigbringe«, flüsterte sie zur Antwort.

»Dann mach weiter!«, forderte er.

»Gleich, mein Süßer. Gleich!« Es war unnötig, ihn daran zu erinnern, wie es vorhin war, als er sie geleckt hatte. Sie war sich sicher, dass er es wusste, selbst wenn er es gerade nicht wahrhaben wollte. *Aber Rache ist nun einmal süß*, dachte Wenke und bewegte nur sanft ihre Hüften. *Vor allem dann, wenn sie so aussieht wie das hier.*

Sie währte jedoch nicht lange. Denn Ilja verlangte jetzt von ihr, dass sie die Position wechselten.

»Warum?«, fragte Wenke mit unschuldigem Augenaufschlag. Dabei grinste sie.

»Weil ich dich jetzt so heftig ficken werde, dass du schreist!«, versprach er ihr.

»Oh. Ist das so?«, fragte sie amüsiert, während sie von ihm runterkletterte.

»Du wirst schon sehen, du sexy Biest«, raunte er.

Wenke stand auf, Ilja stand blitzschnell hinter ihr und beugte ihren Oberkörper nach vorne, sodass sie sich auf der Liege aufstützen musste, um nicht umzufallen. Sie wusste genau, was jetzt kam. Es war die andere Stellung, die Ilja ihr zur Auswahl gegeben hatte. Wer hätte gedacht, dass sie, während eines einzigen Ficks, gleich zwei geile Positionen einnehmen würde?

Sie spürte Iljas Hand an ihrem nackten Hintern, dann an ihren Oberschenkeln, die er leicht spreizte. Seine Finger fuhren prüfend zwischen ihre Spalte. Sie war unendlich nass, und das wusste er mit Sicherheit. Trotzdem ließ er es sich nie nehmen, sie zu befingern und damit zusätzlich aufzugeilen.

Wenke zitterte vor Lust, als Iljas Hände ihren Rücken und den Po streichelten und seine Eichel sich vor dem Eingang ihrer Grotte positionierte. Langsam schob sie sich in sie hinein. Es war so geil, wie er sie weitete und immer tiefer eindrang. Wenke stöhnte und stellte sich breitbeiniger hin, um den zu erwartenden

Stößen etwas entgegensetzen zu können. Dann fühlte sie, wie Ilja ihre Hüften ergriff und begann, seine Hüften zu bewegen. Zunächst sehr langsam, damit sie sich daran gewöhnte. Doch dann schneller. Sein Schwanz hämmerte in sie. Das klatschende Geräusch, mit dem seine Hüften auf ihren Hintern trafen, begleitete Wenkes wildes Stöhnen. Alles in ihr schien sich aufzuladen und unter Spannung zu stehen.

»Ja! Ja! Mehr!«, keuchte sie begeistert.

Ilja stöhnte. Er legte noch einen Zahn zu und fickte sie so hart, dass sie genau wusste, dass sie in den nächsten zwei Minuten fliegen würde.

Dann war es endlich so weit.

Wenke spürte die Hitze, die sie überflutete, und den Rausch, der sie wild erfasste und für Sekunden betäubte. Außerdem fühlte sie die heiße Sahne in ihrer Spalte, die sie ausfüllte, während Ilja seine Geilheit hinausbrüllte. Er presste sich tief in sie hinein, sein Schwanz zuckte und ließ sich von ihrer Möse melken.

***

Atemlos lösten sie sich voneinander. Wenke richtete sich auf und strich sich das Haar aus dem Gesicht. So wie jetzt hatte Ilja sie zwar schon öfter gevögelt, aber ihrer Meinung nach nicht oft genug.

»Das war der Wahnsinn«, lobte sie ihn und sah ihn an. Er atmete immer noch schwer und grinste.

»Da bin ich ganz deiner Meinung!«

»Und das alles nur, weil dort drüben am Strand ein paar Leute FKK machen!«, sagte sie und lachte. Ilja drehte sich zu dem Strand um.

»Stimmt. Apropos FKK – wieso trägst du überhaupt diesen Bikini?« Er wandte sich ihr wieder zu und sah sie mit lüsternen Augen an. »Den brauchst du doch überhaupt nicht!«

»Na ja, ich dachte, es würde dir gefallen …«

Ilja verengte die Augen und kam auf sie zu.

»So wie jetzt gefällst du mir aber besser«, raunte er. »Lass diese Stofffetzen lieber weg.«

Wenke lächelte.

»Nun, das Gleiche gilt für dich. Wenn schon FKK, dann für alle.«

»Einverstanden.« Ilja wandte kurz den Kopf zu dem Strand, dann fragte er: »Wie wäre es mit einer weiteren Runde GUF?«

»Was soll das heißen?«

»Gaffen und Ficken!«

»Au ja!«

***

Bis zum Abend hatten sie sich in allen möglichen Stellungen gevögelt, weil die nackten Menschen am Strand ihre Fantasie anregten und sie genau das ausprobieren wollten, was der jeweils andere sich mit ihnen vorstellte. Als sie erschöpft in ihre Koje sanken, waren sie sich einig, dass das »der geilste Urlaub bisher sei, den sie je erlebt hatten.«

Nicht verpassen: kostenlos per Post ...

»Das dunkle Sexperiment«

Die erotische Zusatzgeschichte

Schneide Dir die Postkarte aus
und schicke sie ausgefüllt zurück!

☐ Ja, ich möchte am iPad-Gewinnspiel teilnehmen.

☐ Bitte schicken Sie mir die kostenlose Internet-Story »Das dunkle Sexperiment« ausgedruckt per Post an meine folgende Adresse.

☐ BUCH-ABO / E-BOOK-ABO: Sie erhalten jedes neue Buch versandkostenfrei direkt und unverbindlich zugeschickt und zahlen bequem per Lastschrift oder Rechnung. Bei Nichtgefallen können Sie es einfach zurückschicken! Dies ist kein Club, kein Kaufzwang!

☐ Herr ☐ Frau

Name, Vorname

Straße, Hausnummer

PLZ, Ort

Land

Geburtsdatum

E-Mail (für aktuelle Informationen)

Wie haben Sie von diesem Buch erfahren?

Wo haben Sie dieses Buch gekauft?

Infos zur Datenverarbeitung unter: blue-panther-books.de/de/datenschutz.html

Simona Wiles - FKK freizügig und verdorben | 3. Auflage | SW45 | 2654

Bitte freimachen falls Marke zur Hand

Antwort

blue panther books
Osterfeldstr. 12-14 | Haus 1 | Nord
22529 Hamburg
Deutschland / Germany